漢字
授業の作り方 編

はじめに

　「漢字の勉強は楽しいですね」「すればするほど面白いです」授業が終わり、笑顔で教室を出ていく学習者を見ていると、何物にも替え難い喜びで胸がいっぱいになります。
　20年前、わたし（鈴木）は新米ボランティアとして、初めて漢字クラスを担当しました。学習者は16人、ほとんどが非漢字圏の人たちでした。「漢字」というと、ひたすら書いて覚えた記憶しかないわたしにとって、非漢字圏学習者がどんな気持ちで漢字と向き合っているのか、全く想像もつきませんでした。初回の授業のことは今でも忘れられません。わたしが必死になればなるほど、みんなどんどん静かになっていくのです。重い空気を感じながら「ああ、こんな面白くない授業はしたくないよー」と内なる声まで聞こえてきて、苦い体験になりました。

　その後は、「どうしたら楽しい授業ができるのだろうか」と、悩み続ける日々でした。
　一生懸命考えた活動も、実践してみるとあえなく撃沈といったことはしばしばで、準備に時間はかかるのに単調になってしまう授業がつらくて、早く漢字から離れたいと思うこともありました。しかし、そうして試行錯誤を続けているうちに、少しずつ学習者のことが見えるようになり、自分の中に変化が起こり始めました。漢字は難しいものだと思い込んでいましたが、実はとても面白いものだったのだという発見もありました。

　この本は、こうした体験をもとに生まれた本です。これから漢字を教える方や、現在悩みながら模索していらっしゃる方に、少しでもお役に立つものになればという思いと、漢字の楽しさを学習者に伝えながら、共に学び合う喜びを共有できたらという願いを込めて作成いたしました。

　本書出版にあたっては、多くの方々のご協力をいただきました。この本を出版する機会を作り、有意義な助言と熱い思いでわたしたちを支えてくださった編集者の田中美帆さん、そしてわたしたちと共に漢字を学びながら、たくさんの大切なことに気づかせてくれた学習者の皆さんに、心から感謝いたします。

2013年6月
大森雅美　鈴木英子

目 次

はじめに ──────────────────────────────── 3

Ⅰ 漢字は難しい？ ―学習者の悩みを通して学ぶ漢字の基礎知識―

学習者のため息

1　数が多すぎます ──────────────────────── 8
2　形が複雑で、見分けられません ──────────────── 11
3　同じ漢字なのに読み方が複数あって混乱します ───────── 14
4　いろいろな書き方がありすぎます ────────────── 17
5　1つの文字にたくさんの書き方がある？！ ─────────── 20
6　同じ漢字圏なのに…… ───────────────────── 22
7　熟語はさらなる関門！ ───────────────────── 24

Ⅱ 教えるのは難しい？ ―教師の悩みを通して学ぶ授業の組み立て方―

教師のため息

1　何を教える？ ────────────────────────── 28
2　何で教える？ ────────────────────────── 28
3　いつ教える？ ────────────────────────── 29
4　何文字教える？ ───────────────────────── 29
5　どうやって教える？ ─────────────────────── 30

Ⅲ 教える前に

1　何を教える？ ―学習者のニーズを知る― ─────────── 32
2　何で教える？ ―漢字のテキスト、漢字の選択― ────────── 36
3　いつ教える？ ―カリキュラムを考える― ─────────── 39
4　何文字教える？ ―学習の目安― ──────────────── 41

IV 授業を組み立てよう

1 授業の流れ3ステップ ───── 44
2 「わかる」「覚える」「使う」の時間配分 ───── 46

V 漢字授業あれこれ

1 「わかる」授業例 ───── 50
2 「覚える」授業例 ───── 72
3 「使う」授業例 ───── 89

VI こんなときどうする？　Q&A

学習者からの質問 ───── 96
教師からの質問 ───── 99

漢字は楽しい！ ───── 103

巻末付録
選んで使える漢字リスト ───── 106
音でつながる漢字の仲間　―漢字を読み方で整理する― ───── 108
部品でつながる漢字の仲間　―漢字を意味で整理する― ───── 110
部品の絵カード ───── 116

●略語・文法用語の見方
T＝教師
L＝学習者
L1＝学習者その1
WB＝ホワイトボード

ナ形容詞＝形容動詞
イ形容詞＝形容詞

I 章

漢字は難しい？
―学習者の悩みを通して学ぶ漢字の基礎知識―

わたしたちを取り巻く生活と漢字は切り離すことができません。視覚的な情報を断たれた状態で生活するのはとてもつらいことです。ただ、そのつらさを「漢字って難しいよね」と片づけられないのが日本語教師という仕事です。

学習者が「漢字は難しい」と言っている原因は何なのでしょうか。漢字学習に取り組む学習者の悲痛な声から、その原因を探ってみましょう。

> 学習者の
> ため息1

数が多すぎます

> ひらがなを覚え、カタカナも何とか覚えました。これから漢字の勉強です。ひらがなとカタカナ、漢字とカタカナなど、組み合わせがたくさんあって覚えられるか心配です。

> わたしの国で使う文字といえばアルファベットの26字だけです。でも、漢字は数えきれませんね。日本語の学習にはいったい何字必要なのでしょうか。気が遠くなりそうです。

「**ひ**らがなもカタカナも覚えた。漢字も頑張ろう！」と、気合いを入れて日本語学習をスタートした学習者でも、すぐに息切れしてしまうことがよくあります。理由の1つに漢字の数の多さがあります。わたしたちは普段、いくつの文字を使っているのでしょうか。

「多い」のは表記の数か漢字の数か

　買い物に行けば「お買い得」「レジにて20％割引」「お1人さま1パック限り」「組み合わせ自由」「よりどり2点」「980円（税込み）」、新聞のテレビ番組表を見れば「おひさま」（ひらがな）、「テレビショッピング」（カタカナ）、「おはよう日本」（ひらがな＋漢字）、海外ネット（漢字＋カタカナ）、「ニュース7」（カタカナ＋数字）、「名医にQ」（漢字＋ひらがな＋アルファベット）、NEWS24（アルファベット＋数字）など、実にいろいろな表記の仕方があります。わたしたちを取り巻く生活場面には、ひらがな、カタカナ、漢字、アルファベットなどを組み合わせた複雑な表記があることに気づきます。

　現在、地球上で話されている言語は、少なくとも3000、分類の仕方によっては6000くらいあるといわれています。しかし、世界で使われている主な文字は、40〜50種類しかありません。日本人は、小さいころから当たり前のようにひらがな、カタカナ、漢字を習い、アルファベットを加えて4種類の文字を使って生活していますが、そのような国は、世界広しといえども、実は日本だけなのです。それはつまり、学習者が世界でも1つしかない日本語という多種類の文字を使った表記法を、習得しなければならないということでもあります。

　どんなに大切なことが書かれていても、この文字表記が理解できない人にとっては、意味のない記号でしかありません。特に日本語の場合は、単に日常生活を送るだけでなく、勉学や仕事など、社会の中に根ざす活動が多くなるほど、書物や仕事の文書など漢字の必要度が高くなり、漢字の習得が避けて通れないものとなります。

　他言語と日本語の違いの1つは、表記が漢字、ひらがな、カタカナ、アルファベットと複数にわたる点ですが、中でも、仮名や、アルファベットを使ったローマ字が表音文

字であるのに対し、漢字が表意文字であることが大きな特徴です。
　「あ」「ア」「A」という文字を見てもその文字から特に何かを感じたり想像したりすることはありませんが、「楽」という字を目にすると、自然に楽しいイメージが湧き上がってきますし、反対に「悲」は心が重くなるような気がします。これは漢字が表意文字として概念を伝える力を持っているからです。
　意味や情報を瞬時に理解できるという表意文字の利点が生かされている例として、漢字で書かれた新聞などの求人広告があります。「経験者は優遇します。勤務時間など細かいことは全て面談で相談しましょう。履歴書を郵送してください。後で連絡します」という内容を、漢字にしてみましょう。

　　経験者優遇、勤務時間等委細面談、履歴書郵送後日連絡

　漢字だけである程度の情報伝達が可能になります。もう1つの例として、漢字仮名交じり文の文章を、それぞれの文字だけで書き換えてみましょう。

【原文】
時間に追われて生活している現代人にとって、時間は大切なものだ。だから、だれもが時間を有効に使いたいと思っている。
　　　　　　　　　　　　　　　　　　　『日本語中級J301』スリーエーネットワーク

【漢字】
時間□追□□□生活□□□□現代人□□□□、時間□大切□□□□。□□□、□□□□時間□有効□使□□□□思□□□□。

【ひらがな】
じかんにおわれてせいかつしているげんだいじんにとって、じかんはたいせつなものだ。だから、だれもがじかんをゆうこうにつかいたいとおもっている。

【カタカナ】
ジカンニオワレテセイカツシテイルゲンダイジンニトッテ、ジカンハタイセツナモノダ。ダカラ、ダレモガジカンヲユウコウニツカイタイトオモッテイル。

　漢字なら細かい表現がわからなくても大筋はつかめますが、ひらがなやカタカナは読みにくく、特にカタカナの文は意味もつかみにくいですね。漢字はその優れた特徴のおかげで、情報を効率よく伝えたり、共有したりすることができるのです。これは裏を返せば、学習者の漢字習得をなくてはならないものにしているともいえます。
　このように文の要として非常に重要な役割を占める漢字ですが、ひらがな、カタカナ以上に数が多いことが、学習者を悩ませる原因の1つになっています。

現在日本で採用されている「常用漢字」は、一般の社会生活においてわかりやすく通じやすい文章を書き表すための漢字使用の目安として、2010年11月の内閣告示で2136字が定められました。1つの漢字が、常用漢字として「この漢字は大切だ」「この漢字はいらないだろう」と区別されるまでには、いろいろな統計調査から出てくる漢字の出現頻度数に加えて、日常生活でよく使われるかどうかなどが考慮されます。

　こうして採用された漢字を、日本人は小学校から学びます。まず学習するのは、日本語を母語とする子どもが、国語を読んだり書いたりするために必要な漢字です。小学校では、児童の心身の発達に応じた学習能力を考えた上で、児童の生活に関係の深い教育漢字が、常用漢字から1006字選ばれています。

　しかし、学習者にとって漢字を学習するということは、単なる漢字の読み書きで終わりません。最終的には、「話す、聞く、読む、書く」という総合的な言語活動の中で、漢字と漢字語彙を適切に運用する力を身につけていくことを目指します。漢字を勉強せずに日本語を話すには限界がありますし、漢字を学ぶことが学習者の日本語力を向上させていくことにつながるのです。

■表記の比較

英語	26字
韓国語	24字
タイ語	42字
アラビア語	28字[注1]
日本語	2228字（漢字2136字[注2]＋ひらがな46字＋カタカナ46字）

注1）学説によっては、27字あるいは29字。
注2）『常用漢字表』内閣告示より。実際にはもっと多くの漢字が使われています。

漢字は難しい？

学習者のため息2
形が複雑で、見分けられません

> 休と体をいつも間違えてしまいます。似たような形、似たような音の漢字が多いと、どうやって見分ければいいのかわかりません。

> 毎日たくさんの漢字を覚えなければなりませんが、大変です。漢字は、何かのルールに基づいて作られていないのでしょうか。

日本語の学習が進めば進むほど、漢字をいかに整理して理解するかが、学習者にとっては重要になります。日本語教師は、漢字には成り立ちに基づく基本的な分類があることを理解した上で、学習者が理解しやすいように、漢字を整理して説明する力が必要です。

漢字は分類して教えられる

現在、常用漢字の中で最も画数が多い漢字は「鬱」で29画です。アルファベットのように簡単に書ける文字と比べるとかなり複雑で、どこから書き始めるのかさえわからない不可解な文字にしか見えないかもしれません。画数以外にも「休―体」「未―末」「天―夫」「見―貝」「弓―己」など、形が似ていて間違えやすい漢字が多くあります。学んでいけばいくほど漢字の数が増えますから、間違える漢字も多くなります。日本人でも「綱―網」「萩―荻」それに「博―専」の点の有無など、間違ったり迷ったりする漢字があるのですから、学習者の大変さは想像に難くありません。

そもそも漢字の作りにはルールがあり、それに従って分類できるのです。基本的な分類などに基づいて漢字のルールを説明できる、これこそ日本語教師が漢字指導の際に身につけておくべき力です。

その昔、中国の後漢時代に許慎（きょしん）という人が著した『説文解字（せつもんかいじ）』には、4つの字形の構成と2つの漢字の用法に関する法則が提示されています。これを六書（りくしょ）といい、現在に至るまで漢字の成り立ちの研究の基本的な概念とされています。六書は、形の成り立ちとして、漢字を象形、指事、会意、形声の4つに分類しています。それぞれどのような違いがあるのでしょうか。

■**象形**…山、田、木、火など

象形とは「物の形をかたどる」という意味で、絵文字を簡略化したものです。漢字はこの象形の方法を母胎として、次々と生まれました。非漢字圏の学習者にとっても、形と意味がすぐに結びつき、漢字に意味があることを容易に理解できるので、いちばんわ

かりやすいようです。ところが、この象形文字は常用漢字2136字の中で、270[注1]字もありません。教師にとっては、絵で全ての漢字が説明できればいいのですが、残念なことにすぐにネタ切れになってしまいます。

■指事…一、二、上、下など

指事とは「事がらを指し示す」の意で、状態や方向のように形で表せないことを記号で表す文字です。こうした文字は、たとえば、線の上側に点を書いて「上」、線の下側に点を書いて「下」と説明すれば学習者はわかります。しかし、この指事文字も、わずか10字しかありません。象形文字と合わせても常用漢字全体の13％に満たないのです。

■会意…明、分、男、好など

会意とは「意味を合わせる」の意で、既成の文字を組み合わせて新しい意味を表した文字です。「木」と「木」を組み合わせた「林」や「森」が代表例です。会意文字は、常用漢字全体の約25％を占めます。

■形声…星、性、姓など

常用漢字の中で最も多く、6割以上といわれているのがこの形声文字です。形声は、意味を表す漢字と音を表す漢字を組み合わせて新しい漢字を作る方法です。たとえば「星」は、「日＋生」の組み合わせからできています。音を表す部分の「生」は、「性、姓」など同じ「セイ」という音の漢字とつながっています。組み合わせることで、象形、指事、会意では文字にしにくい複雑な概念を表しています。

会意文字や形声文字は、象形文字や指事文字に比べると複雑で教えるのが難しそうに見えます。では、どのような説明が可能でしょうか。

実は会意文字や形声文字は、分解してみると、象形文字などの基本の漢字を部品[注2]として作られていることがわかります。たとえば会意文字「友」は「ナ」と「又」の組み合わせでできた字です。「ナ」は左手、「又」は右手の意で、手を取り合って助け合う「友」を表します（巻末付録p.111）。「手」の意味を表す「又」を部品に持つ漢字には、取、最、収、支、受、反、返、飯などがあります。古代の戦争では討ち取った証拠に敵の左耳を切り取っていたことから、「取」は全ての物やことについて「とる、うばう」の意味となりました。その切り取った耳を袋に入れ、耳をいちばん多く集めた者のことを「最」と言ったそうです。残酷な話ではありますが、納得できますね。

形声文字「住」は「イ（人）」と「主」を組み合わせた字です。「主」は、ろうそくが台の上でじっと燃えている形で（巻末付録p.114）、そこからひとところにとどまって動かない「あるじ」を表します。「住」は人がとどまって動かない、だから「住む」なのですね。この「人」の部分を「馬」に変えると、駐車場の「駐」です。現在は車を止める場所で

すが、昔は移動に馬を使っていたので、乗ってきた馬を止めておく所を表したのです。「馬」を「木」に変えると「柱」です。柱はまっすぐに立って建物の中心となって支えるもので、これが動いたら大変です。「注」は燭台にじっと油を注いでいる様子です。「住」(ジュウ)「駐」(チュウ)「柱」(チュウ)「注」(チュウ)のように、同じか似たような音でつながるのも特徴の1つです。

　このように漢字は、意味や音など相互に関連性を持ってその世界を形作っています。漢字を構成する意味や音がわかることで、それに関係した漢字をどんどんつなげて理解することができます。教師には、こうした原則や分類をしっかり理解し、学習者にきちんと説明する力が求められます。

注1）白川　静氏の分類による。
注2）本書では、漢字を構成している要素を「部品」と呼んでいます。

■常用漢字に占める割合

象形文字　　　265字　（12％）
指事文字　　　 10字　（0.5％）
会意文字　　　530字　（25％）
形声文字　　 1312字　（61.5％）
その他[注3]　　19字　（1％）

『常用字解　第二版』白川　静（平凡社）より

注3）「その他」については諸説ありますが、日本語の授業で詳しく触れる必要はないとの考えから、本書では割愛します。

> **学習者のため息3** 同じ漢字なのに読み方が複数あって混乱します

> 「外国」「外国人」という漢字を覚えました。病院で「外科」という漢字を見て「ガイカ」と読んだら「ゲカ」だと言われて、がっかりです。なぜたくさんの読み方があるんですか。

> 「生活」の「セイ」、「一生」の「ショウ」、「生きる」「新記録が生まれる」「雑草が生い茂る」「歯が生える」「生たまご」「生地」……いくつ覚えなければなりませんか。

日本人は文脈を考えながら自在に読み分けていますが、学習者の場合はそうたやすくはいきません。漢字に出合うたびに「この場合はどう読めばいいのだろう？」と悩むことになるのです。学習者から「どうして漢字はこんなにたくさんの読み方があるのですか」と聞かれたら、どう答えますか。

複数の読み方はこうして生まれた

　漢字本家の中国は原則として1字1音ですが、日本で複数の読み方があるのは、漢字が日本に伝わってきた時代や伝わり方がさまざまだからです。日本の場合は新しい音が入ってきても古い音を捨てることなく大切に使ってきたということでしょう(p.97参照)。
　中国から伝わった漢字を日本語に取り入れるとき、日本では「音」と「訓」という2通りの読み方を用いました。「音」は中国の発音をもとにした読み方で、「訓」は漢字に、相当する意味の日本語を当てたものです。この「訓」を考案したことにより、わたしたちは漢字の読み方だけでなく、それを通してすぐに意味を理解できるようになったのです。「音」は伝わってきた時期や地方の違いで、呉音、漢音、唐音（唐宋音）などに分けられるほか、日本で読み習わしてできた「慣用音」があります。だから、同じ漢字でも「行」（ぎょう、こう、あん）「正」（しょう、せい）日（にち、じつ）など、複数の音があるのです。

■呉音

　中国の南部、揚子江下流の呉の地域での発音といわれ、5～6世紀ごろ、この地域との交流を通して朝鮮半島を経て日本に伝えられたようです。仏教関係の語彙が多いのが特徴で、古くから日本人の生活の中に取り入れられてきました。（太字は音の変化を表す）

修行（しゅぎょう）	明日（みょうにち）	経文（きょうもん）
頭痛（ずつう）	人間（にんげん）	正月（しょうがつ）
老若男女（ろうにゃくなんにょ）		

■漢音

　唐の時代に主に主都長安で使われていた発音で、8〜9世紀ごろに遣唐使や渡来中国人によって伝えられました。漢文を読むときの正音とされ、漢字音の中では最もよく使われている読み方です。

行動（こうどう）　　　明日（めいじつ）　　　経歴（けいれき）
頭角（とうかく）　　　人間（じんかん）　　　正義（せいぎ）
老若男女（ろうじゃくだんじょ）

■唐音（唐宋音）

　主に宋〜清の時代に使われていた発音で、およそ12世紀以降に禅宗関係の僧侶や貿易の商人によってもたらされたものです。禅宗に関することばや当時伝えられた器具、食べ物の名前に使われています。

行灯（あんどん）　　　明朝（みんちょう）　　　看経（かんきん）
饅頭（まんじゅう）　　椅子（いす）　　　蒲団（ふとん）　　　瓶（びん）

■慣用音

　日本に伝えられた後に変化し、慣用的に読まれているものです。漢字のへんやつくりから連想して正しくない読み方をしていたものが、そのまま定着して使われるようになりました。

消耗（しょうこう→しょうもう）　　　輸出（しゅしゅつ→ゆしゅつ）

　前節では漢字には分類法がある、と説明しましたが、残念ながら読み方にはそのようなルールがありません。「読み方は１つずつ覚えるしかない」と学習者に覚悟してもらうことが必要です。ただ、ここまでの知識は学習者が必要とする場合に説明すればよいことで、全てを最初から説明する必要はありません。学習者の興味に合わせて必要な情報を伝えられるよう、心掛けておきたいものです。

　読み方がわかれば、漢字の形を正確に覚えていなくてもパソコンで変換することができます。電子辞書で意味を調べることもできます。同音の複数の漢字（新、心、親、寝、信、神……など）が出てきても、その中から形を見分けることさえできれば、意味が理解できます。読めるということは、学習者の世界を広げることでもあるのです。

　一方で、こんな学習者がいました。「行」という漢字を見ると、「訓、い、おこな、音、こう、ぎょう！」、「来」という漢字を見ると、「訓、く、こ、き、音、らい」と言うのです。

以前通っていた日本語クラスで下記のような漢字カードを作るように言われ、毎回カードを唱えるテストが行われていたそうです。

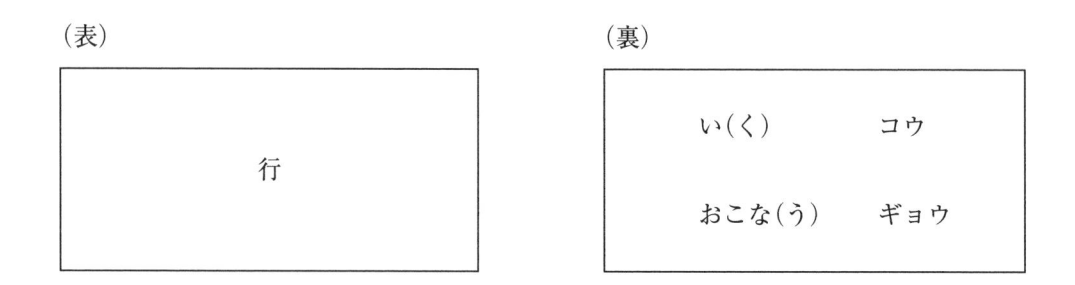

（表）

行

（裏）

い（く）	コウ
おこな（う）	ギョウ

　彼はカードに載っている音読みと訓読みを全て暗記していました。そして筆者に手作りのカードが数百枚入った箱を見せ、「これだけ覚えましたが、漢字は全然わかりません」と言いました。
　大切なのは漢字を「使える」ようになることです。そのために教師はどのような授業を展開していけばいいか、日々考えていきたいものです。

学習者の ため息4　いろいろな書き方がありすぎます

> 「2階の婦人服売り場で5,000円のブラウスを買いました」と「二階の婦人服売場で五千円のブラウスを買いました」は、どちらが正しいですか。

> 「いちまんにせんえん」は、「一万二千円」と漢字で書くほうがいいのですか、それとも「12,000円」のように漢字を使わないほうがいいのですか。

日本語には、ハングルなどと違って厳格な正書法はありません。けれども、学習者から聞かれて「わかりません」で終わらせるのではなく、なぜそのような違いが生じているのか、どう説明するか、考えておきましょう。

厳密な正書法はないけれど

わたしたちは普段当たり前のように文字を使用していますが、同じ文でも書き表し方が複数あることに気がつきます。書き手によって、あるいは同じ書き手でも時によって違いが生じるのはなぜでしょうか。それは、現代日本語が漢字と複数の仮名を交ぜて書く表記体系であるためです。

ある言語を文字で書き表す場合、正しい書き方として社会一般に認められている書き方を「正書法」といいますが、日本語には韓国のハングルやドイツ語のような厳密な正書法がありません。もちろん、表記法の規則として、内閣府から「常用漢字表」や「現代仮名遣い」「送り仮名の付け方」などが示されていますが、日本語の場合は、複数の文字を用いているために、その使い方においても許容範囲が緩やかになっているのです。

たとえば、「うりば」を「送り仮名の付け方」で確かめてみましょう。「送り仮名の付け方」の本文には、通則1から通則7まで示されていて、「うりば」のような漢字2字以上で書き表す複合語の送り仮名は、通則6の本則に、「複合の語（中略）の送り仮名は、その複合の語を書き表す漢字の、それぞれの音訓を用いた単独の語の送り仮名の付け方による」と示してあります。「それぞれの音訓を用いた単独の語の送り仮名の付け方」で「うりば」は、「売」（る／ります）+「場」、「売り場」が正しいことになります。

ところが、この通則には「許容」があります。許容とは、慣用として使われていると認められ、これでもよいと許されるもので、「読み間違えるおそれのない場合は（中略）送り仮名を省くことができ」ます。そのため「許容」に従えば「売場」でもよいことになり、「売り場」と「売場」の2つの書き表し方が存在することになるのです。

さらに辞書によっては許容の「売場」を採用しているものもあり、表記に揺れが見られます。

数字の書き方も、縦書きか横書きかによって、表記の仕方が異なります。縦書きの場合は漢数字が基本なので「五千円」、横書きの場合は、アラビア数字が基本なので「5,000円」となります。これについても、縦書きにアラビア数字を用いる場合もあれば、横書きでも、「千」や「万」など漢数字を用いる場合もあります。最近では、縦書きの新聞の記事でも、アラビア数字を使うことが増えているようです。

　公用文書や法令、新聞や教科書など一般の社会生活における国語を表記する場合は、内閣告示の表記基準が原則とされています。しかし、科学、技術、芸術そのほかの各種専門分野や個人の表記などについては、この基準に拘束されるものではないので、個人の書く文では「犬」を「いぬ」「イヌ」「INU」などと、自由に書き表すことができます。そのため「売り場」と書いても「売場」と書いてもいいし、漢字がわからなかったら、仮名で書いてもいいのです。わたしたちは普段あまり意識することなく書いていますが、実はその時々の書き方のスタイルに応じて自由に使い分けているのです。ただ、こうした「どれでも大丈夫」という緩やかさは、厳密な正書法の国で表記を学習してきた学習者にとっては、かえって曖昧でわかりにくいものとなっています。

　「2階の婦人服売場で5,000円のブラウスを買いました」は「売り場」と書いても「五千円」と書いても間違いではありません。ただ、日本語教師は、何が違うか聞かれたときに違いを説明できたほうがいいでしょう。長い文の中では「婦人服売り場」は「婦人服売場」と書いたほうが1つの単語としてまとまって見えるので読みやすくなりますし、横書きのときは「五千円」より「5,000円」と書くほうが見やすい、などと説明することができます。普段から、町ではどのような表記がなされているか、自分がどのような表記をしているかなどを認識し、学習者に説明できるよう準備しておくことが必要です。

■横書き・縦書きの原則

音引き（ー）は、横書きは横線、縦書きは縦線になる	メートル／メートル（縦書き）	縦書きに算用数字を用いる場合、1万以上の数字には「万、億」などの単位語をつける	150,000人／15万人（縦書き）
括弧「　」は、横書きの場合と縦書きの場合で、90度回転させる	「　」／﹁　﹂	小数点は、横書きではピリオドを用いるが、縦書きでは中黒を用いる	42.195㌔／42・195㌔（縦書き）
数字は、横書きでは算用数字を、縦書きでは漢数字を用いることが多い	5,000人／五千人（縦書き）		

参考：『記者ハンドブック』（共同通信社）

■**表記の基準（韓国語と日本語）**

韓国語	日本語
正書法で、以下のように表記のルールが細かく決まっている 例） 1．標準語を発音どおりに表記するが、語法に合わせることを原則とする（第1章 第1項） 2．文の各単語は分かち書きをすることを原則とする（第1章 第2項） 3．体言は助詞と区別して表記する（第4章 第1節 第14項） 4．用言の語幹と語尾は区別して表記する（第4章 第2節 第15項） 5．合成語はそれぞれの語根を区別して表記する（第4章 第4節 第27項）	厳密なルールがないため、表記に迷うことがある 例） 1．複数の文字を用いているため、その使い分けに厳密な決まりがない （皮膚・皮ふ・ひふ・ヒフ） 2．「読点」は、ある程度の目安はあるものの複雑で、個人の判断で用いられている 3．送り仮名のつけ方には、本則・例外・許容などがあり、複雑で迷うことがある （行う・行なう、取り扱い・取扱い・取扱） 4．どの漢字を用いるのが適切か判断に迷うことがある （変える・代える・換える、測る・計る・量る） 5．漢字の読み方が複数ある場合、文脈から判断しなければならない （入れる〈はいれる・いれる〉、開く〈あく・ひらく〉）

参考：『ハングル正書法の解説』（白帝社）

学習者の
ため息5

1つの文字にたくさんの書き方がある?!

> 漢字は何とか読めるようになりましたが、書くのはなかなか難しいです。

> テキストの字と、新聞の字は同じですか。「入」と「入」、「心」と「心」……どうして同じ字だとわかるのでしょうか。

これもまた、普段何気なく漢字を使っている日本人には、気づきにくい問題の1つです。漢字の意味や読み方がわかるようになっても、正しい形を再生できるようになるには、さらなる時間と努力が必要のようです。

書体、画、筆順……まだある！

一般の書籍や新聞などで日常最も目にする活字は、「明朝体」という読みやすさに主眼がおかれた書体です。タイトルや見出しなどには、太くて力強いイメージの「ゴシック体」、小学校の教科書には「教科書体」という書体が用いられています。これら3つの書体を比べてみましょう。

明朝体	ゴシック体	教科書体
心	**心**	心
糸	**糸**	糸
近	**近**	近

明朝体やゴシック体は、手書きの文字とは微妙に形が違っています。たとえば「糸」という漢字は、手書きでは6画です。ところが、明朝体やゴシック体では8画のように見えます。これはデザインの違いによるものですが、文字を初めて学習する人には不向きな書体といえるでしょう。そのため、小学校の教科書は、子どもたちが画数や字形を正しく覚えられるよう、手書きにいちばん近い教科書体が採用されているのです。

日本人は、手書きの字と活字が違っていても、疑問を感じることなく同じ漢字として受け止めています。ところが非漢字圏の学習者は、微妙な違いでも、いったいどれを手本に書けばいいのだろうかと迷ってしまうのです。教師は、活字の書体によって形の違う漢字があることを理解しておく必要があります。そして、迷っている学習者には「アルファベットのaやgが、ブロック体と筆記体で違うように、漢字も形の違うものがあります」と話すと、学習者は安心できるようです（p.96参照）。

漢字入門期の非漢字圏学習者には、漢字が書けるようになるために基本的な筆順の指導も必要です。筆順とは、漢字を書くときの点や線を書く順番で、この方法に沿って書けば、能率よく整った形が書けるというように考えられたものです。

筆順は、1958年に文部省から発表された「筆順指導の手びき」で、次のような原則が示されています。

1. 上から下へ書く　　　　　　　　　　　　　三　エ
2. 左から右へ書く　　　　　　　　　　　　　川　例
3. 横画と縦画が交差する場合
　　横画を先に書く　　　　　　　　　　　　十　共
　　縦画を先に書く　　　　　　　　　　　　田　王
4. 中を先に書く　　　　　　　　　　　　　　小　赤
5. 外を先に書く　　　　　　　　　　　　　　国　内
6. 左払いを先に書く　　　　　　　　　　　　人　金
7. 全体をつらぬく縦画は最後に書く　　　　　中　手
8. 全体をつらぬく横画は最後に書く　　　　　女　子
9. 横画が長く左払いが短い字は左払いを先に書く　　右
10. 横画が短く左払いが長い字は横画を先に書く　　　左

漢字をバランスよくきれいに書くために、最初にこうした筆順を示すことは大切です。ただ、気をつけたいのは、日本人は国語教育で筆順について厳しく指導されてきたため、学習者にも過度の正しさを求めてしまう傾向があることです。学習者の場合は、まずは正しい形が再生できるようになることが大切で、楽しく学習を続けるためにも教師は筆順にこだわりすぎないようにしたほうがいいでしょう（p.97参照）。

むしろ、正しく漢字の形を再生できるようになるために、書き方の順番よりも漢字を形作っている線や点である「画」に注目させながら、「はねる」「とめる」「はらう」を丁寧に指導していくことのほうが大事だと考えます（教え方については、p.54参照）。

例）
まっすぐで止める線（一・十）　　　まっすぐではねる線（門・食・室）
折れ曲がっている線（口・糸・区・女）　曲がってはねる線（心・元・子）
はらう線（ノ・入・父）　　　　　　斜めの点（魚・学）

漢字を形作っている基本の形がわかると、複雑に見えていた漢字の形が理解しやすいものとなります。新しい漢字を覚えたり見分けたりするヒントにもなります。最近の電子辞書は、正しい形を手書きすることで、読み方を調べることもできます。

> **学習者のため息6** 同じ漢字圏なのに……

> 「日本語は漢字を使う国だから、勉強しやすい」と思っていました。ところが、いざ始めてみると中国語にはない漢字がたくさんあることがわかりました。「汽車」と「電車」、「手紙」と「信」など、意味の違いが紛らわしくて混乱します。

> 韓国でも学校で漢字の勉強はしましたが、普段の生活はハングルだけです。日本へ来てから、漢字が理解できずに困ったことは数えきれません。

漢字圏の学習者は、母語における漢字の字形や意味についてはすでに知識を持っているので、非漢字圏学習者と大きな差があるのは事実です。学習者も日本の漢字は簡単だと思って学び始めるのですが、実際には「漢字は難しいです」と言う学習者が多くなります。それは、なぜなのでしょうか。

漢字は国によって違う

同じ漢字圏といっても、中国、韓国、日本の字体を比べてみると、（対・對・对）（发・發・発）のように、それぞれに違いがあります。台湾や韓国では古くからある字画の多い繁体字（日本の旧字体）を用いていますが、中国ではそれを簡略化し字画を少なくした簡体字を用いています。日本で使われているのは旧字体を簡略化した「新字体」と呼ばれるものです。中国の簡体字と日本の新字体は、もとの漢字を簡略化した点は同じですが、それぞれの簡略化の仕方に違いがあるのです。こうした違いもまた、漢字圏学習者の落とし穴となるようです。

■中国・台湾の学習者

中国語では漢字は原則として1字1音です。ところが、日本語では、前述のように複数の読みがあります。これは非漢字圏学習者同様に、大きな負担です。

意味の違いも混乱を招きます。よくある例に「手紙(纸)」があります。日本語の「手紙」は中国語では「トイレットペーパー」の意味です。「娘から手紙が来た」という意味で日本人が「娘来手紙」と書いたら、中国人は「お母さんがトイレットペーパーを送ってきた」と勘違いをしたという笑い話もあります。ほかにも日本語の「歩く」は中国語で「走」、「自動車」は「汽車(车)」など、いろいろな違いがあります。中国語の意味で「スタッフ」「職員」などを表す「工作人員(员)」も、自己紹介文に「わたしは工作人員です」などと書かれると、いきなりマイナスのイメージを持ってしまいそうです。

漢字は、意味を理解する上では助けになる反面、わかったつもりで意味を取り違えてしまう可能性があります。意味がわからないときに「先生、漢字で書いてください」と

言われることがよくありますが、書いた漢字を見て納得した表情の学習者に安心してばかりもいられません。また、学習者の中には、漢字を見ればある程度意味が理解できるので、あまり発音しない人がいます。その結果、試験はよくできるのに、発音が不明瞭で聞き取りにくく、話し方がなかなか上達しないことがあります。

中国では「日本語学習は笑って入って、泣いて出ていく」といわれているそうです。同じ漢字を使用しているので、日本語は簡単にマスターできそうに思えたのに、勉強すればするほど難しく感じるということのようです。

■韓国の学習者

韓国語の漢字も原則1字1音です。1970年の漢字廃止政策で、漢文や古文を除いた全ての教科書がハングル表記になりました。しかし、その後は再び漢字教育の必要性が見直されて復活の方針に転換されていきました。現在では、中学、高校において1800字の教育用基礎漢字を学習しています。とはいうものの、ハングルの使用頻度は非常に高く、公的な文書や新聞、小説なども、名前、地名、固有名詞、同音異義語以外はほとんどがハングルで表記されています。

したがって、韓国の学習者は、非漢字圏学習者より漢字を目にすることには慣れていますが、実社会では漢字と接する機会が少ないようです。また、漢字廃止政策の影響で、漢字を学ぶことのなかった「ハングル世代」がいるなど、年代によっても習得状況が違います。

日本語教師は、漢字圏学習者だからといって漢字指導をおろそかにするのではなく、学習者のそれぞれの学習経験を把握して指導する必要があります。

■街中の様子

中国　　　　　　　　台湾　　　　　　　　韓国

学習者のため息7 　熟語はさらなる関門！

> 漢字1字であれば、読み方もまだ覚えようがある気がしていましたが、熟語で読み方が変わると、どうしたらいいのかわかりません。お手上げです。

　複数の表記、複数の書体、複数の読み方、場合によっては母語との違いなど、何重もの困難を乗り越えてやっと覚えた単漢字。漢字の学習はもちろんこれで終わりではありません。いわば最後の難関が、熟語の存在です。

熟語にもルールがある

　漢字が一見、複雑怪奇に見えるのは、1文字で終わることがほとんどなく、さまざまに組み合わせられているからでもあるのではないでしょうか。
　実は、この組み合わせには大きく分けて5つのルールがあります。

1. 同じような意味の漢字を重ねたもの
   例）絵画（絵＋画）、充満、幸福、森林
2. 反対または対応する意味の漢字を重ねたもの
   例）強弱（強い⇔弱い）、新旧、天地、高低、大小
3. 前の字が後の字を修飾しているもの
   例）親友（親しい友達）、美人、晴天、教師
4. 後の字が前の字の目的語、または補語になっているもの
   例）帰国（国へ帰る）、読書、観劇、加筆
5. 前の字が後の字の意味を打ち消しているもの
   例）無休（休みが無い）、不安、非常、未完

　こうした分類を、まずは教師が理解し説明できるようになっていることが必要です。教師がこの分類を覚えておけば、ある程度の熟語をまとめて練習させることができます。
　たとえば「まだ〜ていない」という文型を学習するとき、「未」のつくことばを言い換える練習をします。

　例1）「まだ〜ていません」
　　　未使用…まだ使っていません。
　　　未習…　まだ習っていません。
　　　未経験…まだしたことがありません（まだ経験がありません）。

この練習をすることで、「未知」や「未来」といった熟語の意味も推測することができるのです。同様に、下記のような文型と絡めて熟語練習をすることができます。

例２）「○○は〜という意味です」
　　　帰国…国へ帰るという意味です。
　　　来日…日本へ来るという意味です。
　　　入学…学校に入るという意味です。

例３）「〜たばかりです」
　　　新卒者　…卒業したばかりの者です。
　　　新入社員…入ったばかりの社員です。
　　　新婚夫婦…結婚したばかりの夫婦です。

　学習者がある程度熟語に慣れてくれば、「タバコを吸ってはいけない部屋」と長い文で書かなくても「禁煙室」と書くことで理解できますし、たとえそれがキンエンシツと読めなくても意味がわかるのです。
　ここまでくればしめたもの。学習者はおのずと、漢字の便利さ面白さがわかってくるのではないでしょうか。
　『ダーリンの頭ン中』（メディアファクトリー刊）の著者、トニー・ラズロさんは「漢字は１つ１つの文字を知っていれば初めて見た単語でも意味が理解できる」と書いています。たとえば「列島」を英語にすると"archipelago"。英語は表音文字という特性上、１つ１つの単語を丸暗記しなければならないのですが、漢字で書けば「列なる」「島」で「列島」となり、意味が推測できるというのです。漢字の面白さに気づいた学習者からは同じような意見を聞きます。確かに、「貧血」と書かれていると「血が貧しい」わけですから、何となく血が足りなそうな気がしますが、"anemia"と言われてもその単語を知らなければ意味を理解することはできませんね。

　一方、熟語の読み方には次のような４つの型があります。

１．「音読み＋音読み」
　　勉強（ベンキョウ）、社会（シャカイ）
２．「訓読み＋訓読み」
　　花見（はなみ）、大雨（おおあめ）
３．「音読み＋訓読み」重箱（ジュウばこ）読み
　　台所（ダイどころ）、番組（バンぐみ）、円高（エンだか）

4．「訓読み＋音読み」湯桶（ゆトウ）読み
　　　古本（ふるホン）、荷物（にモツ）、強気（つよキ）

　普通は「音読み＋音読み」や「訓読み＋訓読み」の組み合わせが多いので、そのことを漢字を読む場合の助けとして学習者に示すことができますが、中には「音読み＋訓読み」や「訓読み＋音読み」の組み合わせがあるので、注意が必要です。
　同じ熟語でも、読み方が違うと、意味に違いが生じるものもあります。「工場」は「こうじょう」と読むか「こうば」と読むかで、規模に違いを感じます。「草原」「そうげん、くさはら」や「風車」「ふうしゃ、かざぐるま」も、同じイメージではありませんね。
　そのほか、熟語には「市立」「私立」、「科学」「化学」のように、発音が同じで意味が異なる同音異義語も多くあり、これも、学習者にとっては難しいものの1つです。
　また、「今朝（けさ）」「昨日（きのう）」「上手（じょうず）」のように、1字ずつの読みではなく、漢字を合わせて熟字全体を訓読みする「熟字訓」といわれるものもあります。

　このように、漢字の意味と読み方は熟語となることで、その関係もより複雑になっていることに留意しておかなければなりません。
　だからといって、「漢字は難しい」「漢字は複雑」と刷り込む必要はありません。漢字には、つながりと意味があります。意味を理解してまとめて覚えれば、その難しさを軽減することができるはずです。「市立も私立もシリツです。覚えてください！」と暗記させるのではなく「市がつくった（設立した）から市立、私がプライベートでつくったから私立です。では、千葉県がつくったら……？（県立）」「では、私立の反対は何だと思いますか（公立）(p.61参照)」というように、わかる漢字をつなげてことばを広げていきましょう。

II章

教えるのは難しい？
―教師の悩みを通して学ぶ授業の組み立て方―

前章のような漢字の基本を理解していても、漢字の授業を受け持つことになって頭を抱える教師は少なくありません。
「漢字が難しい」だけでなく「漢字を教えることが難しい」と感じる原因は、何なのでしょうか。今度は、悩みながら漢字授業に取り組む教師の悲痛な声から、その原因を探ってみましょう。

教師のため息1　何を教える？

漢字を勉強したいと言うので、基本的な漢字のテキストを一から始めました。でも、学習者は不満そうです。どのテキストを見せても「勉強したい漢字ではない」と言われてしまって、途方に暮れています。

1カ月の短期滞在の学習者に、漢字も教えてほしいと言われました。でも、テキストの1課分だけ教えて「残りは自分でやって」と言うのも……。結局「日本語の表記は覚えるのが大変だから、とりあえずローマ字表記で会話をやりましょう」ということにしました。勉強したがっていたのに……どうしていいかわかりませんでした。

　わたしたちは、自分が国語で学習してきたように、漢字は一からコツコツと積み上げていくものだと思ってしまいがちです。
　しかし、日本語教育の場合、学習者のバックグラウンドや目的によって、必要とする漢字の種類も異なるし、学習できる期間や量も異なるのです。それに合わせて、ある程度漢字を絞って教えることも必要です。
　まずは学習者がどんな漢字を学習したがっているのか、そのニーズを探ってみましょう。

☞ p.32

教師のため息2　何で教える？

書店に行ったら、漢字のテキストがたくさんあって選べませんでした。どのテキストも同じように見えて、何をやればいいのかわかりません。

学習者に合ったテキストを選びたいけど、合うテキストが見つかりません。いいテキストを紹介してほしいです。

小学校では「大きい」とか「小さい」とか、国語の教科書に出てきた順番に覚えましたよね。外国人に教えるときも同じように、テキストに出てきた順に教えればいいのでしょうか。

　よく「いいテキストを紹介してほしい」と言われることがあります。筆者も切にそう願ったことがあるのですが、誰もが気に入る万能テキストというのはそうは見つからないものです。同じテキストでも、教え方を変えることで解決できることが多いのですが、まずはピントがずれないように、漢字テキストの基本的な種類とそれぞれの特徴を知っておきましょう。
　また、市販テキストだけが漢字教材ではありません。学習者のニーズに合わせて、テキスト以外の教材を使うのも1つの方法です。

☞ p.36

教えるのは難しい？

教師のため息3　いつ教える？

「好きなように教えてください」と漢字の授業を一任されてしまいました。どうやってカリキュラムを組んだらいいかわかりません。

海外で初めて日本語を教えることになりました。文型積み上げのテキスト1冊で、漢字も教えなければなりません。文型を教えるのに必死で、漢字なんておろそかになってしまいそうです。

「好きなように」というのは自由でよい気もしますが、どこから手をつけていいかわからない者にとってはつらいことばです。日本語の授業のどのタイミングで漢字学習を組み込めばいいのでしょうか。組み込み方にも、それぞれ短所長所があるようです。

☞ p.39

教師のため息4　何文字教える？

「何文字勉強すればいいですか」と聞かれて適当な答えが浮かばなかったので「とにかくたくさんあるから覚えて」と言ってしまいました。また同じ質問をされないかとドキドキしています。

常用漢字は2136字あるので、「2000字目指して頑張りましょう」と言ったら、つらそうな顔をされました。わたしもそんなに教えるのかと思ったら気が遠くなりました。

文型を学習するとき「これを覚えることで、○○ができるようになる」といった学習目標があるはずです。同様に、漢字も「○文字覚えれば、○○ができる」といった目安を伝えることは、学習者の励みになります。とはいえ、最初から2000字習得することだけを目指すのでは息切れしてしまいます。少しずつ、学習者に合わせたゴールを提示しましょう。

☞ p.41

教師のため息5　どうやって教える？

> 象形文字は絵で教えればいいと聞いたんですが、具体的にどうやって教えればいいのかわかりません。それに、象形文字以外の漢字はどう教えたらいいのか見当もつきません。そっちのほうが数が多いのに……。

> 初級の学習者に、音読み訓読みがあることや、送り仮名が必要だということをどうやって説明すればいいのでしょうか。以前は母語訳つきの漢字テキストに説明が載っていたのでそれを見せればよかったのですが、今度の学習者に合う母語訳がなくて、どうやって説明すればいいか困っています。

> 1文字1文字教えていたら、覚えるほうも教えるほうもヘトヘトになってしまいました。まとめて整理しながら教えていけたらいいと思うんですが……。

> とにかく、ひたすら書いて、読んで、テスト、テスト。それが漢字学習というものだと思っているんですが、学習者は毎回退屈そうで……。テストばかりではなくて、何かほかの方法はないものでしょうか。

> 漢字の単語帳を作らせて、毎回30回書いてくることを宿題にしています。宿題をやってくる人とこない人の差がどんどん広がって、これで本当にいいのか悩んでいます。宿題をきちんとやってくる人も、テストはよくできるのですが、テスト以外はひらがなで書いていることが多くて、あまり使えている気がしません。

> テキスト以外の教材って、具体的にはどうやって使えばいいのでしょうか。

　会話のテキストには指導書があり、教師初心者にとっては心強い味方になりますが、漢字の教え方については養成講座で取り上げることも少なく、各教師に任されていることがほとんどです。このため、教師自身が経験してきた国語学習を踏襲して、黙々と読み書き練習をした上でまとめてテスト、という漢字授業が展開されてしまうのも、ある意味では仕方がないことかもしれません。

　日本語学習では、日本人が小学校から徐々に積み上げて何となく理解してきたこと、たとえば「漢字には意味がある」「読み方が複数ある」といったことに説明が必要なときがあります。学習者が漢字を理解するには、教師のサポートが必要なのです。

　また、学習者が日本語に触れる時間は限られていますので、授業の中で、習った漢字を思い出し、使う時間を意図的に設けていかないと、定着は図れません。

　Ⅳ、Ⅴ章では、漢字の授業を、学習者の理解を助ける「わかる」段階、忘れないように「覚える」段階、定着を確認する「使う」段階の3つに分けてそれぞれどんな方法があるか紹介していきます。

☞ p.44, 50

Ⅲ章
教える前に

誰に、どんな漢字を、どうやって、どのくらい教えればいいのか──わからないことをわからないままにしておくと、教師にとっても学習者にとっても漢字の授業が憂鬱なものになってしまいます。授業に臨む前に、前章で挙げられた問題を1つずつ整理していきましょう。

1 何を教える？ ―学習者のニーズを知る―

　ひと言で「学習者に漢字を教える」といっても、そこから描かれる道筋は1つではありません。漢字の学習目的や学習スタイルは、人によって異なります。それに伴い、実は知りたい漢字の種類も異なるのです。

　皆さんの前にいる学習者は、どのような気持ちで漢字学習に臨もうとしているのでしょうか。下記に典型的な4つのタイプの学習者を挙げました。それぞれの学習者像と、彼らが求めている漢字の授業とはどんなものか考えてみましょう。

- 4技能並行型
- ちょっとかじりたい型
- 漢字だけゼロ型
- 今すぐ必要！型

4技能並行型

> 「あいうえお」から日本語学習を始めました。ひらがなとカタカナをマスターしたので、次は漢字に挑戦です。話す、聞く、と並行して、読む、書くもできるようになっていきたいです。最終的には、日本語能力試験N1に合格したいです。

　日本語能力試験とは、毎年7月と12月の年2回（海外の一部ではそのどちらか1回）に行われる、日本語学習者が最も多く受験する試験です。この試験を目指して、文型と漢字を同時に学習していきたいということです。このような学習者の多くは、最上級のN1合格に向けて年単位の期間でじっくりと学習します。一定の期間を費やして4技能をバランスよく学習したいとのことですので、漢字も基本から積み上げて、書きまで丁寧に教えていきます。

　4技能を並行して学習していくわけですから、最初は話すことにも説明を聞くことにも慣れていません。教師は学習者の日本語レベルに合わせて語彙をコントロールしながら説明していくことになります。

ちょっとかじりたい型

> 日本には短期滞在するつもりです。日本は大好きなので、これからも旅行で来たいと思っています。漢字は大変そうだけど、どんなものかちょっとだけ覚えられたら、もっと旅行が楽しくなるんじゃないかな。

夏休みなどを利用して観光がてら来日し、ちょっと漢字を勉強したいという学習者がこのタイプにあたります。また、日本文化に興味を持ち、そこに記されている漢字の仕組み、成り立ちを知りたくなったという海外在住の学習者もいます。もともと勉強が目的ではないので、「4技能並行型」と違って基本から積み上げていく必要はありません。何度も書いて覚えさせたりするよりは、たとえば町で見かけた漢字の読み方だけを学習したり、象形文字や指事文字など成り立ちがわかりやすい漢字を説明したり、とにかく短い期間で楽しめるように、興味を持ったものに絞って導入します（もちろん、そこからさらに勉強したくなり、基本からあらためてスタートする学習者もいます）。

漢字だけゼロ型

> 日本語の会話は問題ないのですが、読み書きはできません。ひらがなカタカナはたぶん大丈夫だけど、漢字は見るからに難しそうで……でもブログとかメールとか、やっぱり読めるようになりたいので、表記をゼロから学習したいです。

ローマ字表記やひらがなで日本語学習をしてきた人、そもそも日本語表記の学習をしてこなかった人が、ある程度の会話力に達してから漢字の必要性を感じて学習を始めることがあります。当初必要ないと思っていた読み書きが生活の中で必要になった、会話に出てくる漢字熟語の多さに気づき、ひらがなだけでの学習に限界を感じ始めたなど、その理由はさまざまです。

ゼロから積み上げていく点では「4技能並行型」と同じです。ただ、このような学習者は、表記はできませんが会話力はあるため、説明の際の語彙コントロールをあまり気にする必要がありません。また、「表記は知らないが、そのことばを聞いたことがある」「意味はわかる」というように、音や意味を知っていることばが多いので、授業は成り立ちや書き方を重点的に行い、知っていることばを漢字に直す作業を中心に展開していきます。

今すぐ必要！型　―主婦（主夫）編―

日本人の夫と結婚して来日しました。子どもが小学校に入学したのですが、学校のお知らせが読めなくて本当に困っています。子どもはまだ低学年だし、近所に知り合いのお母さんも少ないのでなかなか聞けないし……。とにかく、学校からのお便りが読めるようになりたいです。

今すぐ必要！型　―ビジネスパーソン編―

仕事のために来日しました。日常会話には不自由しません。問題は漢字です。新聞の見出しが読めるようになりたいのですが、以前の学校の授業では「花」とか「田」とか……確かに基本は大切かもしれませんが、わたしが今必要なのはビジネス漢字です。普段はパソコンを使っているので、読めて変換できれば、書けなくてもいいんです。

日本語での会話には不自由しない、表記だけが苦手、という点では「漢字だけゼロ型」と同じです。違うのは、必要な漢字群が目の前にあるという点です。

興味のある漢字を取り上げるという点では「ちょっとかじりたい型」と似ていますが、「今すぐ必要！型」は専門分野をしっかりマスターすることを希望していますので「ちょっと」だけというわけにはいきません。つまり、「今すぐ必要！型」に必要なのは、ある特定の分野で必要な漢字を積み上げていく授業です。

このタイプには、勉強に時間が割けない人や、独自の学習方法を希望する人がいます。「読みだけやりたい」というニーズに対応したり、宿題は強制せずに授業で復習の時間を多く取ったりするなど、それぞれの生活に配慮して授業で何をするかを決めていく必要があります。積み上げていく上で、書く練習は欠かせないのではないかと考える人がいますが、そうとは限りません。見るだけで読み方をどんどん覚えていく学習者もいますし、パソコンで正しい漢字に変換できればOKという学習者もいます。書かない覚え方（p.79参照）もありますので、授業に積極的に取り入れていくとよいでしょう。

このように、学習者が何を必要としているかきちんと把握することによって、漢字の授業の組み立て方が変わってきます。逆に、組み立て方を変えなければ、学習者の漢字学習へのストレスを助長することになりかねません。
　たとえば、「今すぐ必要！型」のビジネスパーソンのような特定のニーズがある学習者に、「4技能並行型」「漢字だけゼロ型」と同じテキストを使ったとしたら、望む漢字がなかなか出てこないもどかしさを感じさせてしまいます。会話力はある「漢字だけゼロ型」の学習者に「4技能並行型」と同じように語彙コントロールしながら説明をしていては、子ども扱いされていると不満を持たれるかもしれません。

　漢字の指導をする場合は、目の前の学習者がどのようなレベルか、そして何を必要としているか、下記の項目を中心に把握しておくことが大切です。

- 学習者の4技能（読む、書く、聞く、話す）のバランス
- 学習者の会話能力
- 漢字学習歴（これまでにどんな教材を、どうやって、どのくらい学習したか）
- 学習期間（1週間にどのくらい、いつまで学習する予定か）
- 漢字を学習して何ができるようになりたいのか

2 何で教える？ ―漢字のテキスト、漢字の選択―

学習者のニーズがわかったら、次に何を使って教えるかを考えてみましょう。

テキストで教える
- 文型付随テキスト
- 基本漢字積み上げテキスト
- 場面重視テキスト

それ以外で教える
- 新聞、お便りなど
- 教師の選択した漢字群

テキストで教える

最近は漢字テキストの種類が多くなり、ある程度は学習者のニーズに合ったテキストを選べるようになってきました。これらのテキストは、主に次の3つのタイプに分けられます。

■文型付随テキスト

文型中心シラバスのテキストに出てくる漢字や漢字熟語を、課ごとに取り扱ったものです。よく知っていることばやなじみのある文の中で、漢字を学習することができます。一方で、そもそも文型中心の内容に沿っているために、「口」の前に「右」や「員」が出てくるなど、字形が易から難の順番に並んでおらず、漢字を体系的に学ぶことができないというデメリットがあります。

■基本漢字積み上げテキスト

常用漢字の中から習得しやすい順に基本漢字を配列してある、漢字指導を目的としたテキストです。このタイプの初級漢字のテキストは、取り扱っている基本漢字がある程度共通しているようです。それは、日本語能力試験の基準をもとに漢字が選択されているためです。初級段階の文中で使われている動詞、形容詞、名詞など使用頻度の高い基本的な語彙から選ばれています。だいたいどのテキストも200～300字前後の漢字を扱っていて、旧日本語能力試験3～4級レベル (p.42参照) に対応した内容になっています。中級漢字のテキストは、既習の漢字の知識を利用しながら、書きことば特有の漢字語彙を学習して、より高いレベルを目指す内容となっています。

■場面重視テキスト

必要と思われる漢字を生活場面、ビジネス場面などに応じて取り上げたものです。日常身の回りでよく目にする漢字を学習します。「基本漢字積み上げテキスト」は、簡単

な漢字から複雑な漢字へと進んでいきますが、このタイプでは、生活の中で必要だと思われる漢字は、字形の難易にかかわらず早い段階で提出されます。たとえ、画数が多く複雑な漢字であっても、毎日繰り返し見慣れていくうちに、易しく感じるようになるためです。

そのほか、それぞれの漢字にストーリーをつけて覚えやすく工夫したテキストなどもあります。また、テキストによっては、非漢字圏学習者を対象にして翻訳がついているものや、漢字圏学習者を対象にして作成されたものなどがあります。これらのテキストをそれぞれの学習者のニーズやタイプに応じて、選択しましょう。

学習者のタイプ別に

「4技能並行型」の学習者には「文型付随テキスト」と「基本漢字積み上げテキスト」の両方が考えられます。「文型付随テキスト」の場合、日本語のテキストに沿っているため、並行して学習するのに負担が少ないように思います。ただ、漢字の提出順序が難易度に沿っていないため、画数が多い漢字が初級の前半でいきなり出てくることがあります。一方、「基本漢字積み上げテキスト」の場合、日本語のテキストと別の語彙が出てくる負担はありますが、漢字を難易度順に積み上げられるメリットがあります。

特に必要性は感じてはいないが、興味があって学んでみたいという「ちょっとかじりたい型」の学習者には、「場面重視テキスト」の一部を使って、生活の中で出合う漢字に親しみながら学ぶのが、謎解きをするようで楽しいかもしれません。

「漢字だけゼロ型」の学習者には「基本漢字積み上げテキスト」を使うのが効率的です。日常会話は問題ないということで、「場面重視テキスト」の生活漢字から学習したいというニーズもあるかもしれません。限られた期間で、限られた漢字をマスターしたいというのであれば、それでもいいでしょう。ただ、「漢字だけゼロ型」の学習者は、時間をかけても一から体系的に学びたいと希望する場合が少なくありません。そのときは、やはり「基本漢字積み上げテキスト」を使って易しい漢字から順に知っている語彙に当てはめていくほうが、後々理解を広げやすくなるでしょう。

一方、「今すぐ必要！型」の学習者には、「場面重視テキスト」の中の専門に合ったテキストがいいでしょう。

	文型付随テキスト	基本漢字積み上げテキスト	場面重視テキスト
4技能並行型	○	○	
ちょっとかじりたい型			○
漢字だけゼロ型		○	△
今すぐ必要！型			○

学習者の目的別に適切なテキストを渡せたとしても、実際に使ってみると、必要でない漢字や漢字語彙が出てくるかもしれません。どんなテキストも全ての学習者を満足させる完璧なものはないので、そのときの学習者に合わせて取捨選択をしていけばいいでしょう。「場面重視テキスト」も、特定地域の学習者のために作成されている場合があるので、適宜柔軟に変えて使用する工夫が必要です。

それ以外で教える

専門分野に偏った「今すぐ必要！型」の学習者や、短期で少しだけ学習したい「ちょっとかじりたい型」の学習者には、適当なテキストが見つからない場合があります。

「今すぐ必要！型」の学習者の場合、たとえば新聞の見出しや小学校のお知らせを使って導入し、覚えた漢字を書きためて自分だけの漢字辞書を作り上げていく方法があります（p.85参照）。1人1人違う漢字を学習するため、大人数のクラスでは難しいですし、たくさんの漢字を覚えるには効率的ではありません。教師も学習した漢字を把握していかなければならないので負担は大きくなります。それでも、自分の読みたい漢字を学習できるという最大のメリットがあります。学習者と話し合い、時間が許せば、テキストでの学習と並行して行うといいでしょう。

「ちょっとかじりたい型」の学習者の場合、テキストは使わずに教師が選んだ漢字だけを教える方法があります。たとえば、この基本漢字だけはマスターしよう、この生活漢字だけは読めるようになろう、などです。ただ、教師が学習者のニーズに合わせて漢字を選ぶのは、実はなかなか大変な作業です。何を選び、何を外すかを考えるためには、それ相応に漢字への知識や指導経験がないと取捨選択に苦慮することになります。

参考までに、「基本漢字」「生活漢字語彙」のリストを106ページに載せました。前者は旧日本語能力試験4級を参考にした100字、後者は日常生活でよく見る漢字語彙の中から知っておいたほうがいいと思われる70語を、筆者がリストアップしたものです。

ただ、選ぶべき漢字は、学習者のニーズや授業時間によっても変わります。教師が選択して教える場合は、中途半端な形で終わらないように、カリキュラムに合わせ、ゴールまでに教える漢字を全て事前に用意しておきましょう。

3 いつ教える？ ―カリキュラムを考える―

日本語学習のカリキュラムの中で、漢字の指導はどこに入れればいいのでしょうか。いつ、どのタイミングで漢字を指導するのか見ていきましょう。

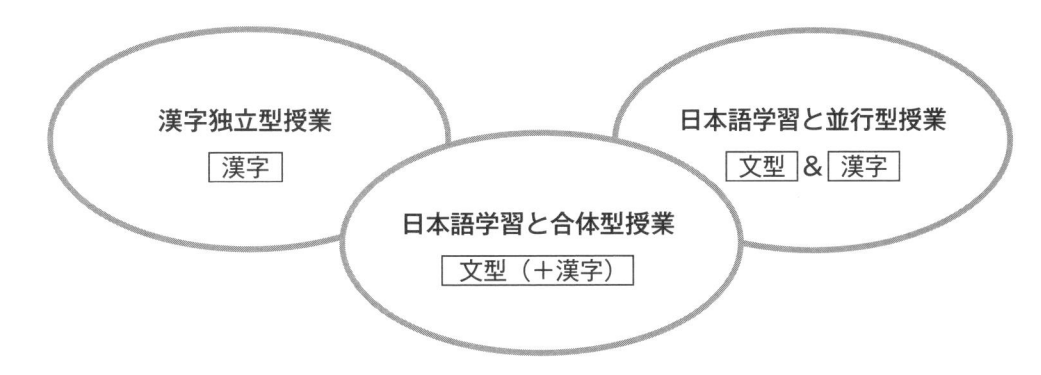

- 漢字独立型授業 　漢字
- 日本語学習と合体型授業　文型（＋漢字）
- 日本語学習と並行型授業　文型 & 漢字

漢字独立型授業　漢字

「漢字だけで週に1回60分の授業を1年間」というように、日本語学習とは全く独立して、漢字だけを習いたい人のための授業です。

日本語学習経験があって、会話は上手だが漢字ができないという人や、ビジネス漢字など専門的な漢字を学習したいという人が、個人で受講する授業がこれにあたります。また、大学の授業で、日本語文法などとは切り離され、漢字だけでクラスが設けられている場合もあります。

担当することになったら、まず学習者のニーズを聞いて使う教材や最終目標（そのクラスが終わるまでに何文字学習したいか、何ができるようになりたいか）を決めます。そして、目標に合わせた毎回の授業時間の流れや、カリキュラム全体の流れを考えていきます。

日本語学習と並行型授業　文型 & 漢字

たとえば1日4時間の日本語授業のうち、3時間を文型のクラス、1時間を漢字のクラス、というように、文型学習と並行して設けられた漢字の授業です。

文型テキスト内の漢字を取り上げて学習する場合と、そのテキストとは全く別の漢字テキストを使う場合があります。文型学習クラスと漢字学習クラスが分かれているため、話すのが上手で漢字が苦手という学習者は、漢字だけ1つ低い別のレベルのクラスに入ることができます。また、漢字のクラスだけ漢字圏と非漢字圏の学習者で分かれたり、基本から学ぶクラスと生活漢字クラスというように目的別に分かれたりすることもできます。

文型の授業の進み具合を見ながら、漢字のクラスでも語彙を調整して教えていきます。

日本語学習と合体型授業　　文型（＋漢字）

　日本語（文型）のテキストに載っている漢字を、文型学習時間内に一緒に学習する授業です。

　テキストが読めるという達成感をいちばん味わえますが、限られた時間で文型も漢字も教えるため、どのタイミングで漢字学習を入れるか、メリハリのつけ方が教師の課題となります (p.102参照)。

　授業中に漢字が出てくるたびに教えるという方法もありますが、提示の仕方を誤ると、学習者が文型と漢字で混乱する可能性があります。慣れないうちは文型の授業に流されて、漢字がおろそかになってしまうこともあります。そうならないように、「毎回漢字テストを行ってから文型の導入に入る」「文型の授業の最後５分間は漢字の授業にあてる」など、毎回同じタイミングで漢字を教えるようにするのも１つの方法です。

　いずれの授業にしても、最終目標を達成するためは１回の授業で取り上げる漢字の数やレベルをどのくらいにすればいいか、事前に計画を立てておきましょう。

4 何文字教える？ ―学習の目安―

到達目標は？

　普段わたしたちは、漢字をいくつ知っているかなどあまり考えることはないと思いますが、学習者にとって習得した漢字の数を知ることは、達成感や次へのやる気につながります。

　では、具体的には何文字目指して学習すればいいのでしょうか。

　日本語能力試験の受験を希望する学習者の場合は、次ページの旧試験の出題基準が参考になります。また、国立国語研究所が調査した報告書『現代新聞の漢字』によると、新聞で使用されている上位500字で紙面全体の約80％をカバーしているのだそうです（巻末付録p.107参照）。そのため、「だいたい500字を覚えると、新聞の80％くらいが読めるそうだ」と伝えると、学習者にとって目安になります。テキストにはそれぞれ掲載字数と学習目標などが書かれていますので、それを目安に学習計画を立ててもいいでしょう。

　「日本語能力試験N1に合格するためには漢字をいくつ覚えなければなりませんか」という質問をよく受けますが、いきなり2000字と聞くと、その道のりの長さにモチベーションが下がるかもしれません。そのため、「1日3個くらいずつ覚えていくと、2年でだいたい2000字を覚えることができますよ」「最初は3カ月で100字を目指しましょう。漢字はパズルのようになっているので、組み合わせていけば、次の3カ月はもっとたくさん覚えられますよ」などと、具体的に達成可能な数を示しながら、目標を持たせるほうが励みになってよいでしょう（ただ、2000の漢字の形だけでなく、その2倍はある音訓も同時に覚えていかなければならないのですが）。

　「1レッスンで○字」「×カ月でテキスト1冊」というように、学習者には目標を伝えます。そして時々は、今学習者がどこの段階にいるのかを示しましょう。分厚いテキストに取り組んでいたある学習者が、疲れた顔で「いつこのテキストは終わるんですか」と聞いてきたことがありました。「まだたくさんあるように見えるけど、もうあと5ページやれば、残りは索引ですよ」と言ったらとても驚き、ゴールが間近であると知って、一転してやる気になってくれました。

　ゴールが見えないことは不安です。「もう○字覚えましたね！」「テキストの80％くらいは終わりましたよ」「N5レベルの漢字はもう大丈夫だと思いますよ」など、声をかけながら、一緒に漢字の山登りに挑戦していきましょう。

■漢字の学習基準

　日本語能力試験は、これまで１～４級の４段階でしたが、2010年の改定でN1～N5の５段階となりました。この試験の出題基準は非公開となっていますが[注1]、各レベルの基準は2009年までの試験（旧試験）と対応しています。旧試験とのレベルの比較はおおよそ下記のとおりです。

	2010年～	～2009年
2000字程度	N1[注2]	旧１級
1000字程度	N2	旧２級
300字程度	N3 / N4	旧３級
100字程度	N5	旧４級

注1）JLPT日本語能力試験のホームページでは、非公開の理由を次のように説明しています。
　　日本語学習の最終目標は、語彙や漢字、文法項目を暗記するだけではなく、それらをコミュニケーションの手段として実際に利用できるようになることだと考えています。日本語能力試験では、その考え方から、「日本語の文字・語彙・文法といった言語知識」と共に、「その言語知識を利用して、コミュニケーション上の課題を遂行する能力」を測っています。そのため、語彙や漢字、文法項目のリストが掲載された『出題基準』の公開は必ずしも適切ではないと判断しました。（中略）今の試験のレベルは、2009年までの試験（旧試験）の級と、合否判定水準（合格ライン）において対応していますので、旧試験の試験問題や『出題基準』も手がかりになります。（http://www.jlpt.jp/faq/index.html）

注2）合格ラインは旧試験１級とほぼ同じ。ただし旧試験１級よりやや高めのレベルまで測れるようになる。

　なお、１日の学習の目安については、授業の組み立て方と合わせて、46ページで紹介します。

IV章
授業を組み立てよう

　どんな漢字をどのくらい扱うか決まったでしょうか。学習目標を決め、使う教材も準備できたでしょうか。
　いよいよ授業です。ただ書かせるだけの授業から脱却するヒントは、授業の組み立て方にあるようです。

1 授業の流れ3ステップ

授業には次の3つのステップがあります。

> 1 わかる → 2 覚える → 3 使う

ステップ1 「わかる」とは

「カンジって何？」「日本語の漢字はたくさん読み方があるらしいよ」
非漢字圏学習者も漢字圏学習者も、それぞれの疑問を抱えながら漢字学習の扉を開きます。まだ何もわからない学習者を「ああ、わかった！」という気持ちにさせるのが、この「わかる」段階です。学習者を「わかる」まで導く、この行程を日本語教師養成講座などでは「導入」と呼んでいます。文型に限らず漢字学習でも、導入はいちばん初めの大切なステップです。

中には、「辞書やテキストの対訳本を見せれば意味や書き順が載っているから、導入は飛ばしている」「授業で漢字を教えることはしない」というクラスがあるようです。確かに、漢字の国から来た学習者に全ての筆順を教える必要はないでしょうし、「月」という漢字はお月様の形から来ているんだよ、などと成り立ちを説明する必要もないでしょう。漢字の基本がわかっている学習者にいつまでも教師が手取り足取り教える必要はないでしょう。

しかし、テキストを渡して「はい、勉強してください」では難しい学習者がたくさんいます。漢字の意味と成り立ちが「わかる」、書き方が「わかる」、送り仮名が「わかる」、音読み訓読みがあることが「わかる」ように導いていく必要があるのです。また、漢字は学べば学ぶほど似ているものが増え、混乱して間違いも多くなります。漢字の量に圧倒されて学習意欲を喪失してしまわないように、授業では漢字を整理しながら、体系的に示していくことが大切です。わかった漢字を組み合わせて、新たな漢字を「わかる」に導いていければ、効率的に多くの漢字を習得することができます。

ステップ2 「覚える」とは

「わかる」段階で意味や成り立ち、書き方を理解しても、それだけではすぐに忘れてしまいます。そこで必要なのが次の「覚える」段階です。養成講座などでは導入に対して「練習」と呼んでいます。

漢字練習と聞いて、どんなことを思い浮かべるでしょうか。子どものころ、手がしびれるまでひたすら漢字を書いて「覚える」学習をしたことを思い出す人が多いのではないでしょうか。そのせいか、日本語の授業でも「はい、30回書いてきてください」「次の授業でテストをしますから、覚えてきてください」と宿題を出し、授業中は黙々と筆

記テストをすることに終始する教師もいるようです。もちろん覚える上でたくさん書く、たくさん読む作業は欠かせませんから、決してそれが悪いわけではありません。ただ、機械的に「書いて覚える」練習ばかりでは学ぶ側のストレスも大きく、最終的には忍耐強い学習者だけが残ることになってしまいます。

　授業では、せっかく教師と学習者が顔を合わせているわけですから、それを利用して、同じ作業でも楽しく覚えられるような工夫をしてみましょう。

ステップ3　「使う」とは

　漢字が理解できたら、普段の生活で何ができるようになるのでしょうか。学習した漢字を実生活に落とし込んでみるのが「使う」段階です。実際にある物を読んだり書いたりして、漢字が使える感触を味わいましょう。

　「わかる」で漢字を学び、「覚える」で練習して、「使う」で実体験、というのが基本的な授業の流れです。

　では、「わかる」「覚える」「使う」授業は、実際にどのように作っていけばいいのでしょうか。これらの授業のさまざまな具体例を、実際の教師と学習者とのやりとりの例を挙げながら50ページから紹介します。

2 「わかる」「覚える」「使う」の時間配分

　レベルにもよりますが、学習者が1回の授業で学習する漢字は、筆者の経験上、50分の授業で5文字程度が最も定着しやすいのではないかと考えます。5文字といっても、実際はその漢字を使った熟語の意味や使い方を覚えることになります。学習者の負担になりますので、1度に増やす熟語の数は1文字に対して3〜4語、全体で15〜20語程度にとどめるなど、熟語の数が多すぎないよう配慮しましょう。

　「わかる」で新しい5文字（15〜20語）を増やし、「覚える」で繰り返し学習して記憶にとどめ、これまで学習してきた漢字と合わせてさらに「覚え」、「使う」で実生活に落とし込む。そしてまた「わかる」の方法を使って新しい漢字を増やし、「覚え」、「使う」。授業はこの3つの要素の繰り返しです。

　たとえば、1回50分の漢字授業を行う場合、その時間配分は下記のようになります。

授業例1）基本の時間配分（50分）
　→新出漢字　1回で5文字程度
　前回の漢字の復習（「覚える」または「使う」タスクで）…10分
　新出漢字の説明（「わかる」時間）…10分
　新出漢字を「覚える」時間…15分
　新出漢字およびこれまでの既習漢字を「使う」時間[注]…10分
　きょうのまとめ…5分

復習	10分
わかる	10分
覚える	15分
使う	10分
まとめ	5分

　漢字授業が週に1回しかない場合、「わかる」の時間配分を増やして漢字を多めに導入し、「覚える」行程の一部は宿題にする、という方法もあります（授業例2）。逆に漢字授業が毎日ある場合、毎回5文字は負担が大きいので、日によって「わかる」「覚える」「使う」3ステップの比重を変え、読み書きまんべんなく、1週間で15文字程度習得ができるようにしてもいいでしょう（授業例3）。

授業例2）漢字授業が週に1回しかない場合
　→新出漢字　1回で10文字程度
　前回の漢字の復習（「覚える」または「使う」タスクで）…5分
　新出漢字の説明（「わかる」時間）…20分
　新出漢字を「覚える」時間…10分
　新出漢字およびこれまでの既習漢字を「使う」時間…10分
　きょうのまとめ…5分

復習	5分
わかる	20分
覚える	10分
使う	10分
まとめ	5分

注）日本国内で生活しているなど、日常で漢字を使う機会がある学習者には、「使う」行程を省くことがあります（p.89参照）。その場合は「覚える」により多くの時間をあてるといいでしょう。

授業例３）漢字授業が毎日（週５回）ある場合
→新出漢字　１週間で15文字程度

１日目（「わかる」の意味と読みを中心に）
前回の漢字の復習（「覚える」または「使う」タスクで）…５分
新出漢字の意味（成り立ち）と読みを説明（「わかる」時間）…20分
　（新出漢字の半分７、８文字を導入）
新出漢字の意味と読みを「覚える」時間…20分
きょうのまとめ…５分

２日目（「わかる」の書き方および「覚える」を中心に）
前日の漢字の復習（「覚える」タスクで）…10分
前日の漢字の書き方の説明（「わかる」時間）…５分
前日の漢字の書き方を「覚える」時間…30分
きょうのまとめ…５分

３日目
１日目と同じ（新出漢字残りの７、８文字を導入）

４日目
２日目と同じ

５日目
前回の漢字の復習（「覚える」タスクを使って）…５分
新出漢字およびこれまでの既習漢字を「使う」時間…40分
きょうのまとめ…５分

1日目	
復習	5分
わかる	20分
覚える	20分
まとめ	5分

2日目	
復習	10分
わかる	5分
覚える	30分
まとめ	5分

3日目	
復習	5分
わかる	20分
覚える	20分
まとめ	5分

4日目	
復習	10分
わかる	5分
覚える	30分
まとめ	5分

5日目	
復習	5分
使う	40分
まとめ	5分

　子どものころ、国語学習でドリルや100文字テストをやった経験のある母語話者の教師にとって、上記のような進み方は遅く感じるかもしれません。国語学習における漢字は、ほとんどが「覚える」行程でよかったのだと思います。意味も成り立ちもわからずとにかく漢字を詰め込んだとしても、子どもはその後日本で成長していく中で、それらの本当の意味を理解し、使う機会はいくらでもあるからです。一方、日本語学習者には母語と照らし合わせて漢字を理解する「わかる」、学習してすぐに運用する方法を学ぶ「使う」行程がとても大切です。
　「わかる」「覚える」「使う」という３ステップを繰り返しながら、少しでも「わからない漢字」が「使える漢字」に変わっていく喜びを感じてもらえたらいいですね。

V章
漢字授業あれこれ

ひと通りの知識は頭に入ったけれど、それを実際の授業でどのように生かせばいいのでしょうか。
教師と学習者の実際のやりとりを取り入れながら、さまざまな授業のアイデアを、「わかる」「覚える」「使う」に分けてご紹介します。

※各授業例には「対象者」が挙げてあります。「特に問わない」となっているものは、非漢字圏・漢字圏問わず、どんな会話レベルの学習者にも使える授業例です。教師のことばや使われている文型の難易度によっては、レベルを記したものもありますが、たとえば、会話の上手な「漢字だけゼロ型」学習者に「初級前半」対象の項目を使う場合は、ことばや文型を入れ替えるなど難易度を調節してください。

	授業例	ページ	音・読み方	形・書き方	意味
わかる	**漢字入門**				
	音読みと訓読みがあることを教える	50	◯		
	送り仮名を教える	52	◯		
	書きを教える	54		◯	
	単漢字を教える				
	絵で教える	56	◯	◯	◯
	漢字パズルで教える	58		◯	◯
	漢字ストーリーで教える	60		◯	◯
	部品でつなげて教える	62	◯	◯	
	音符で教える	66	◯	◯	
	学習者別対応法				
	訓読みを中心に教える	68	◯		
	生教材で教える	70	◯		
覚える	**単漢字を覚える**				
	単漢字カルタ	72	◯		
	記憶力クイズ	73		◯	
	なくなったカードは？	73		◯	
	神経衰弱	74		◯	
	グループ探し	74	◯		◯
	仲間外れ	75	◯		◯
	ペア探しのバリエーション				
	同音の漢字	75	◯		
	対義語	76			◯
	相方作成	77		◯	◯
	漢字に反応する				
	正しく動く	78			◯
	速く読む	78	◯		
	正しく読む	79	◯		
	電子辞書を使って	79	◯	◯	
	漢字を再生する				
	漢字パズル	80		◯	
	カタカナ探し	81	◯	◯	
	虫食いカード①〜③	81		◯	
	部首から思い出す①〜③	83		◯	
	似ている漢字	84		◯	
	漢字を整理する				
	字→熟語→文	85	◯	◯	◯
	辞書作り	85	◯	◯	◯
	書く				
	筆順を覚える	86		◯	
	聞き取る	87	◯	◯	
	漢字で遊ぶ				
	漢字ビンゴ	87	◯	◯	
	連想ゲーム	88	◯		◯
使う	**読む**				
	お知らせを読む	89	◯		
	音読する	91	◯		
	書く				
	描写する	91		◯	
	パソコンで打つ	92		◯	
	聞く				
	時間割を並べる	93			◯
	話す				
	注文する	94			◯

1 「わかる」授業例

まずは「わかる」授業例です。学習者が漢字の数や複雑さに負けてしまわないよう、漢字を整理、分類して教えるアイデアをまとめました。「成り立ちまでは必要ない」「読めるようになれれば、書けなくてもいい」という学習者には、それに合わせて必要な項目だけを参照してください。

注）ホワイトボード（黒板）、マーカー（チョーク）、マグネットなど教室の備品は、「用意するもの」にリストアップされていません。

漢字入門

音読みと訓読みがあることを教える

1つの漢字に複数の読み方があるということは、漢字圏、非漢字圏を問わず悩みのタネです。漢字には音読みと訓読みがあること、読み方が1つではないことを、初めて漢字学習に臨む学習者に説明する方法です。

例）「人」「花」

用意するもの：文カード（板書でもよい）、絵（人、花、花瓶）
対象者：初級前半の学習者

T：○○さんはどの人ですか。
L：この人です。
T：××さんはどんな人ですか。
L：背が高い人です。親切な人です……。
　（「人」を使った文型を使ってやりとりをし、Lが「人」ということばを知っているか確認しておく）
T：そうですか。「プイさんは、この人です」はこう書きます。（板書する）

> プイさんは　この人です

「人」は「ひと」です。
（文カードを見せて）
では、これはどうですか。

> わたしは　日本人です。

> クラスに　学生が　三人います。

50

L：……？　わたしは……にほんじんです？
　　（わからないL、推測して答えるL、いろいろ）
T：そうです。これ（人）は「ひと」、「ジン」「ニン」と読みます。
　　意味は同じです。（人の絵を見せる）
　　日本の漢字の読み（reading）は2つあります。「音読み」と「訓読み」です。
　　「ひと」は訓読みです。「ジン」「ニン」は音読みです。
　　（「花」と「花瓶」の絵を見せて）
　　たとえば「花」の「はな」は訓読み、「花瓶」の「カ」は音読みです。
　　音読みは、中国から来ました。
　　日本の人→日本人、外国の人→外国人、花のびん→花瓶。
　　音読みは、ほかの漢字とセットで1つのことばを作ります。
　　では、もう1度読みましょう。（文カードを合唱）

ひとこと

「音読み、訓読みというのは何ですか」「どうして1つの漢字にたくさん読み方がありますか」と疑問を持つ学習者に向けた導入例です。ほかにも、音訓に関する質問が出た場合、下記のような説明が考えられます。

- 音読みは、昔中国から来た読み方で、ほかの漢字とセットで使うことが多い（p.97参照）。
- 訓読みは、日本のことばに漢字を当てたもの。
- 同じ音の漢字（同音異義語）はたくさんある。「海」は音読み「カイ」と聞いてもわからないけど、訓読み「うみ」と聞けば意味がわかる。
- 1つの漢字に読み方がいろいろあっても、意味は同じ場合が多い。つまり漢字には、読めなくても意味はわかる面白さがある。
- 音読みはカタカナ、訓読みはひらがなで表記されることがあるが、読みを書くときは全部ひらがなで書いていい。
   例）この町の人口は1万人くらいです。
　　　このまちのジンコウはいちマンニンくらいです。
　　　→このまちのじんこうはいちまんにんくらいです。

このような説明がなくても、「漢字には読み方がたくさんある」ということだけで納得して学習を進める学習者もいます。たくさんの文を読むことで、音訓の違いを何となく覚える学習者もいるでしょう。漢字と漢字の組み合わせで生まれる熟語をたくさん紹介していくうちに、語彙が広がっていく面白さに気づく学習者もいます。

送り仮名を教える

「**細**い？ 細かい？」送り仮名によって読み方がはっきりすることばがあります。漢字とセットで必要となる送り仮名について、初めて漢字学習に臨む学習者に説明する方法です。

例）「古い、古くない」

用意するもの：絵（古い辞書／新しい辞書、古い財布／新しい財布）
対象者：初級前半の学習者

T：（古い辞書の絵を見せて）この辞書は、どんな辞書ですか。
L：古い辞書です。
T：そうですね。「ふるい」の漢字はこう書きます。
　　（板書する）

> 古い

T：（新しい辞書の絵を見せて）
　　この辞書も古いですか。
L：いいえ、古くないです。
T：そうですね。
　　（下記のように板書する）古くないです。

> 古←
> 　　くない

　　古―い、古―くない、漢字とひらがな、セットで使います。
　　一緒に覚えましょう。
　　：
T：（上の板書のひらがなを消して、「古」だけ残す）
　　L1さん、この財布は……？
　　（古い財布の絵を見せる）
L1：古いです。
T：（さっき消した送り仮名の部分を指して）書いてください。
L1：（板書の「古」の右に「い」と書く）
T：（送り仮名を消し、新しい財布の絵を見せて）

では、これは？　書いてください。
L2：（板書の「古」の右に「くない」と書く）
⋮

ひとこと

　漢字を見て意味がわかる漢字圏の学習者にとっても、送り仮名は間違えやすいものです。基本的には動詞や形容詞は形の変わる（＝活用する）部分から送り仮名をつけるものが多いですが、そのルールでは覚えられないものもたくさんあります。

- 「しい」で終わるイ形容詞 … 新しい、美しいなど
- 読み間違う恐れのあることば … 教える―教わる、起きる―起こす
- 動詞や形容詞が名詞化したことば … 晴れ、動き
- 副詞 … 少し、必ず
- 「つ」をつける数え方 … 一つ、二つなど

　このため、上記のようなルールを1つずつ教えるより、新出漢字が出るたびに送り仮名に着目する習慣をつけるようにします。漢字の書き練習でも、漢字だけでなく、送り仮名まで書くようにして慣れていくことが大切です。

書きを教える

漢字の読みと意味がわかっても、すぐにノートに書き写せるわけではありません。「書けるようになりたい」という学習者に対して、漢字の書き方を一から教える方法を紹介します。

例)「火」

用意するもの:単漢字カード、漢字練習用の紙(ノートでもよい)
対象者:初級前半の主に非漢字圏学習者

T:読んでください。
　　(　火　カードを見せる)
L:ひ。かようびの「か」。
T:はい、いいですね。では、書きます。
　　(TがWBに書く)
　　チョン(1画目)
　　チョン(2画目)
　　シュッ(3画目)
　　シュッ(4画目)
　　はい、では一緒に書いてみましょう。
　　指を出してください。
　　チョン、チョン、シュッ、シュッ。
L:(音に合わせて、Tと一緒に宙に指で書く)
T:(3画目を指しながら)
　　ここはストップ、じゃありません。シュッと書いてください。
　　はい、では、紙に書いてください。

漢字授業あれこれ

> **ひとこと**

　書き方を教える際、押さえておきたいポイントが2つあります。1つは、基本的には左から右に、上から下に書くということ。もう1つは、漢字には「とめ、はね、はらい」などがあるということです。

　そのために、「とめ」「はね」「はらい」ということばを教える必要はありません。代わりに（子どもっぽいと感じる人もいるかもしれませんが）、とめは「ストップ！」、はねは「ピョン」、はらいは「シュッ」などとジェスチャーを添えながら言うことで、日本語の学習歴が浅い学習者にもその違いを伝えることができます。上記の最後の説明に「ここはストップ、じゃありません。シュッと書いてください」とありますが、これはつまり「とめないで、はらってください」という意味です。擬音語はシュッでもジャッでも構わないのですが、「はらい」のときはこのことば、というようにいつも同じことばにしておきましょう。クラスで共通のことばを使っていると、「ここはピョンですよ」「ここはシュッじゃなくて、ストップですよ」というように、間違えたときに使えます。

　「とめ、はね、はらい」がわかっていないと、はねる部分をJという字のように丸めて書いてしまったり、2画に分けて書いてしまったりします。最初のうちは、お手本をまねしようと思っても、見ただけで同じように書くのは難しいのです。書き始める前に1度宙に指で書いてもらったのは、紙に何度も書いてから間違いに気づく、ということを避けるためです。クラスの人数が多い場合はこのような方法で全員の書き方を確認するといいでしょう。

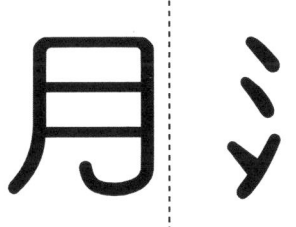

　習い始めは、筆ペンや、水習字（水をつけて筆で書くもの。乾けば何度でも使えます）などを使って書く練習をするのもいいでしょう。筆で書けば「とめ」「はね」「はらい」がわかりやすく、学習者も見慣れない筆記用具を楽しみながら練習してくれます。トレーシングペーパーのような薄い紙で、お手本の漢字を写す練習も効果的です。

　筆順について細かく指導するかどうかは学習者のニーズによります。最初から崩れていると、だんだん雑に、さらに崩れていく傾向があるようなので、最初にきちんと指導することは大切ですが、書道の時間ではないので、筆順や形の美しさはあまり厳しくしすぎないように気をつけましょう。

　漢字圏学習者ばかりのクラスでは、運筆についてここまで行う必要はないでしょう。ただ、国によって異なる漢字がありますので（p.22参照）、そのような漢字が増えてきたときには、まとめて「書き」の時間を設けてもいいですね。

　非漢字圏、漢字圏混合のクラスでは、漢字圏の学習者に「書き」の先生役をしてもらったことがあります。字がとても上手でしたし、何より、話すのが苦手で普段物静かな学習者がとてもうれしそうに前に出て漢字を書いてくれたのが印象に残っています。

わかる

単漢字を教える

絵で教える

象　形文字や指事文字を、絵を使って説明します。非漢字圏の学習者にも表意文字の特徴がわかりやすいので、漢字の入門期によく用いる方法です。

例1)「山」

用意するもの：象形文字のもととなる絵注)（山、木、田など）、文カード
対象者：初級前半の主に非漢字圏学習者

　　　　　　　　　　注)巻末付録「部品の絵カード」を加工して使用できます。
　　　　　　　　　　　「部品」についての詳しい説明はp.62を参照してください。

T：（山の絵を見せる）これは何ですか。
L：やま、です。
T：そうですね。どんな山ですか。
L：高い山です。……きれいな山です。
T：そうですね。じゃあ、山を漢字にしてみましょう。
　　（絵に漢字を書き込む）山、やまです。
　　（ きれいな 山ですね カードを見せる）読んでください。
L：きれいなやま？　ですね。
T：はい、そうです。きれいな山、いいです。
　　では、書きましょう。（以下、書き練習）

例2)「上」「下」「中」

用意するもの：机、鉛筆、単漢字カード、絵（上、下、中）
対象者：初級前半の主に非漢字圏学習者

T：（机の上に鉛筆を置いて見せる）鉛筆はどこにありますか。
L：机の上にあります。
T：はいそうですね。（机の下に鉛筆を置いて）ではこれは？
L：机の下にあります。
T：（机の中に鉛筆を入れて）鉛筆はどこにありますか。
L：中にあります。
T：はいそうですね。上、下、中（それぞれの絵を見せて、
　　WBに貼る）。これを漢字にすると、こうです。

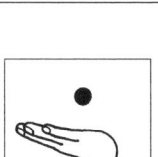

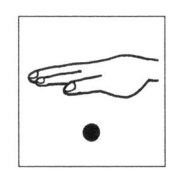

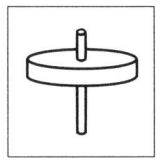

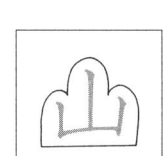

　　　　　（⬜上⬜　⬜下⬜　⬜中⬜ カードを絵の横に貼る）
T：では、（鉛筆をＬに持たせて）鉛筆はどこにありますか。（⬜上⬜ を見せる）
L：（無言でも鉛筆を机の上に置けたらOK）
T：はい、では、鉛筆はどこにありますか。（同様に ⬜下⬜　⬜中⬜ でも指示を出す）
　　（指示に合わせてＬが動けるようになったら）では、書いてみましょう。

ひとこと

　絵をもとに作られた象形文字や記号のような指事文字は、学習者にとってもわかりやすく、よく漢字学習の最初に取り上げられます。

　例1では、まず絵を見せて「やま」ということばを知っているか確認後、漢字に変化させます。反対に、まず漢字から見せて、どの絵を表しているのか推測させても面白いですね。

　例2では、「上」「下」という漢字の意味に合わせて学習者が動きます。これも、最初に漢字から見せる方法もあります。まず、「上」という漢字カードを見せながら、教師が上を向いて見せます。同様に「下」も漢字カードと動作を同時に見せます。次に学習者に「上」「下」というカードに従って動作をしてもらいます。「うえ」「した」という読み方がわからなくても意味に従って動けることは、表意文字の特徴を生かした練習になります。

　OHPシートなどを使って、絵と漢字を重ね合わせて見せるのも効果的です。

　絵と漢字の関係がわかったら、文中の漢字を読ませるのも一案です。これは単漢字の意味がわかるだけでなく、実際にどのように使うかを理解させるための練習です。

　どこかでその漢字を見たことがないか、学習者に聞いてみるのもいいでしょう。普段の生活でよく見かける漢字に興味を持つきっかけになるかもしれません。ただし、この段階では、複数の読み方や送り仮名についてはあまり話を広げないようにしましょう。

　絵で教えるバリエーションには次のようなものもあります。

例）

1．漢字カードとその意味に対応する絵を用意する。
2．WBに絵だけを10枚くらい提示して、その絵の意味を確認する。
3．次に漢字カード1枚を提示して、どの絵と合うのか考える。
4．漢字と絵を組み合わせるというやり方が理解できたら、残りの漢字カードを学習者に渡してマッチングするように指示。Ｌは漢字の形から推測しながら、各絵と漢字カードを組み合わせる。
6．絵と漢字カードの意味を一致させたら、絵だけを外して、漢字カードだけにする。
7．漢字の読み方を確認し、練習する。

[わかる] 単漢字を教える

漢字パズルで教える

漢字をへんやつくりに分けて説明します。漢字はパズルのように組み合わせでできており、組み合わせを変えることでたくさん覚えられることがわかります。

例1)「明」「暗」「男」

用意するもの：単漢字カード、絵（立っている人）
対象者：初級前半の主に非漢字圏学習者

巻末付録「部品の絵カード」使用可

T：（ 明 カードを見せる）皆さん、わかりますか。
　難しい漢字は、パズルと同じです。この中に、皆さんの知っている漢字、ありませんか。
L：月。
T：（左側を隠して）そうですね。つき。じゃあ、（右側を隠して）これは？
L：日。
T：そうですね。ひ、です。 月 もあります。 日 もあります。（かざして見せる）とても明るいですね。そう、これは「明るい」の漢字です。（板書する）

　　　　　明るい

（ 暗 を見せて）では、この中に、知っている漢字はありますか。
L：日！ 日が2つあります。
T：そうですね。「立」の漢字はわかりますか。（立っている人の絵を見せて）これは「立っている人」の意味です。
　（ 日 の上に立っている人の絵をのせて見せる）日、日、とてもとても明るい……でも人がいます。どうですか。人が影になって明るくないですね。暗いです。これは「暗い」の漢字です。（板書する）

　　　　　暗い

（ 男 カードを見せて）では、この漢字の中に、知っている漢字はありますか。
L：田。力。
T：そうですね。田で仕事をします。力が大切ですね。男の人はたくさん田で仕事をしました。力がありました。これは「男」の漢字です。

例２）「酒」「泣」

用意するもの：単漢字カード、絵
　　　　　　　（さんずい、徳利(とっくり)、
　　　　　　　立っている人）

対象者：初級前半の主に非漢字圏学習者

巻末付録「部品の絵カード」使用可

T：（ 酒 泣 油 などさんずいの単漢字カードを見せる）
　　この漢字の中に、皆さんの知っている漢字はありますか。
L：……ありません。
T：そうですか。では、この３つの漢字、何が同じですか。（共通点を探させる）
L：「氵」があります。
T：そうですね。（さんずいの絵を見せて）これは、水のマークです。たとえば（徳利の絵と合わせて）これは「酒」です。（立っている人の絵と合わせて泣きまねをしながら）これは「泣きます」の「泣」です。では、練習してみましょう。（ 氵 に 酉 を合わせて）これは？
L：酒。
T：（ 立 を合わせて）これは？
L：泣きます。
　　⋮

ひとこと

　漢字の得意な学習者は、「漢字はパズルみたいで面白い」と言います。一見難しそうな漢字も、バラバラにすると見たことのある漢字の組み合わせだとわかるからです。なぜそんな組み合わせが生まれたのか、想像して自分なりの「漢字ストーリー」(p.60参照)を作れるようになったら、新しい漢字との出合いが楽しくて仕方なくなるようです。

　例１は、既習漢字を組み合わせてできた文字（例：日＋月→明）を導入する例です。部首にはいろいろな形がありますが、「へん」「つくり」といった用語を最初から教える必要はないと考えます。左右（へん、つくり）に分かれるもの、上下（かんむり、あし）に分かれるものをいくつかまとめて提示し、分かれ方には決まったパターンがあることを見せましょう。

　例２は同じ部首をまとめて導入しています。「氵」が水に関係するのだとわかればいいので、慣れないうちは「さんずい」ということばは教える必要はないでしょう。筆者は「さんずい」は水のマーク、「しんにょう」は道のマークなどと説明しています。

[わかる] 単漢字を教える

漢字ストーリーで教える

漢字は、字源に沿って教えられるものもあれば、そうでないものもあります。新字体になり、もとの漢字が省略されて意味を失ったものや、解釈に違いがあるもの、そもそも字源がわかっていないものなどもあります。また、字源に忠実に説明しようとしても、学習者のレベルによっては、説明の語彙が理解しづらい場合があります。そこで使うのがオリジナルの「漢字ストーリー」です。漢字を覚えるために教師や学習者自身が考えた話が、漢字習得の一助となります。

例1)「私」(教師からの提案)

用意するもの：単漢字カード、絵(稲穂)
対象者：初級前半の主に非漢字圏学習者

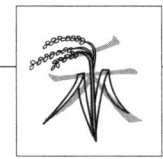

巻末付録「部品の絵カード」使用可

T：(私 カードの「禾」を指して)これは、(稲穂の絵を見せる)これの意味です。
　　私はたくさん(お米を)食べたいです。
　　(私 の「ム」を指して)これは、(稲穂をごっそり抱え込むしぐさをして見せて)
　　この手の形です。
　　全部、私のです。皆さんのじゃありません。
　　(「禾」を指して)これは、(抱え込んで)私のです。「私」という漢字です。

例2)「旅」(クラス全員で考える)

用意するもの：単漢字カード、小道具(バスガイドのような旗)
対象者：初級前半の主に非漢字圏学習者

T：(旅 カードを見せて)この漢字は何ですか。
L1：りょこう？
T：そうですね。旅行の意味です。
　　この漢字のどこに旅行の意味があるんでしょうね。
L2：わかった！　人が3人います。
　　(前に出てきて漢字の右半分をたどる)
L：本当だ！
L：みんなで旅行に行きますね(笑)。
T：皆さんは旅行に行くとき、1人がいいですか、それとも誰かと一緒がいいですか。
L：やっぱり1人より家族や友達と行くほうがいいです。

T：(左側の「方」を指して) では、これは何でしょうか。
　　方という漢字は、どんなときに使いますか。
L3：右の方や左の方です。
L4：そうか、旅行のときは、いろいろな方向に行くからですね。
T：おお、それもいいですね。(と言いながら、「方」の意味を表すために用意しておいた小さな旗をぱっと出して) 皆さーん、こちらの方に来てください (とツアーのガイドさんのまね)。
L：なるほど！　よくわかりました (笑)。

ひとこと

　例1の「私」という漢字は「禾＋ム」の組み合わせでできています。「禾」は稲などの穀物、「ム」は鍬の形で、鍬を使って耕作する人を「私」というのだそうです。しかし、初級前半の学習者にこれを説明するのは難しいので、オリジナルの漢字ストーリーを考えて説明します。その反対に、「公」の場合は、抱え込んでいる物を両手で広げて、みんなに分けているしぐさを見せ、「公園」はみんなの場所であることを説明します。

　このような説明をすると、「先生、それは本当 (の意味) ですか」と聞かれることがあります。そのときは「これは本当じゃありません。わたしの (作った) お話です」と答えます。うまいストーリーが浮かばないときもありますが、筆者のクラスでは「先生、こんなお話はどうですか」「先生、〇〇さんのアイデアは面白いですから、みんなに教えてください！」などと、学習者自身が漢字ストーリーを作るようになりました (例2)。

学習者の発想例)
- 楽しい…台の上に置いてある大太鼓を両方からたたいているイメージ
- 妻…女の人は手が十あっても忙しい
- 輝く…軍のように強く光っている

　『NAFL選書　漢字の教え方』(アルク) の著者である武部良明氏は「字源の立場からは明らかに誤りであっても、字源学者を養成するのではなく、日本語の中で漢字を習得させるのが目的」と書いています。いちばん大事なのは、学習者の記憶の助けになることです。漢字の成り立ちについては、白川静氏の漢字学に関連する書籍を始め、興味深く読めるものがたくさんあります。小学生向けに易しく解説された本も参考にしてみてください。

わかる 単漢字を教える

部品でつなげて教える

本書では漢字を構成している要素を「部品」と呼んでいます。学習者が理解しやすいように分類したものや、いわゆるへんやつくりなどの部首の分類どおりではないものもあるためです。

　Ⅰ章で述べたとおり、バラバラで孤立しているように見える漢字も、実は共通の意味でつながっているものが多いのです。つながりがわかれば、記憶する負担が軽減され、効率的に覚えることができます。たとえば「人」を表している部首というと、誰もが「イ（にんべん）」を想像しますが、実は「大・ヒ・欠・卩・耂・交……」なども人の形を表しているのです。このような部品を紹介することで、一見何の関連もなさそうな「比」や「北」を、「人」とつなげて整理することができます。

　「部品で教える」授業には、巻末付録「部品でつながる漢字の仲間」と「部品の絵カード」を活用してください。よく使われる部品の意味とイラスト、その部品でつながる漢字例が挙げられています。

　漢字を構成している部品の意味に注目して漢字の意味を考えさせたり、仲間になる漢字を整理させたりすることで、効率的に学ぶ自律学習へと導きましょう。

例１）「ヒ」から「化」「比」「北」を教える

用意するもの：単漢字カード、部品の絵カード「イ」「ヒ」、その他「人」を表すもの（巻末付録 p.117～118）

対象者：初級前半の主に非漢字圏学習者

T：（ 化 カードの「イ」を指して）皆さん、これは何の意味ですか。
L：人の意味です。
T：そうですね。こんな形ですね。（部品の絵カード「イ」を見せる）
　　人はいろいろな形になります。（「人」を表す、さまざまな部品の絵カードを見せる）
　　では、これは何だと思いますか。（ 化 の「ヒ」を指す）
L：わかりません……。何ですか。
T：実はこんな形です。（部品の絵カード「ヒ」を見せる）
　　（部品の絵カード「イ」「ヒ」を並べて）立っていたのが、座りました。
　　人の形が「イ」から「ヒ」に変わりました。
　　これは変化の「化」です。お化粧をすると、どうなりますか。
L：きれいになります。変わります。
T：そうですね。「けしょう」も「化しょう」と書きます。
T：（ 比 を見せて）この漢字は「ヒ」が２つありますね。

L：2人、座っています。
T：そうですね。座って、どちらが（背が）高いですか。比べています。これは「比べる」の漢字です。
T：（ 北 を見せて）
　　この漢字も「ヒ」が2つあります。でも、ちょっと違いますね。
L：左が違います。
T：そうですね。
　　（部品の絵カード「ヒ」を見せて）右向きに座っていた人が、反対を向きました。背中と背中（で背中合わせ）で寒いです。これは「北」の漢字です。

例2）「止」から「正」を教える

用意するもの：単漢字カード、部品の絵カード「止」（巻末付録 p.119）
対象者：初級前半の主に非漢字圏学習者

T：（ 正 カードを見せて）皆さん、この中に知っている漢字がありますか。
L：はい。「止まる」があります。
T：どこにありますか。
L：ここです。（「正」の中の「止」の部分をなぞる）
T：そうですね。
　　（部品の絵カード「止」を見せて）「止」は何の形ですか。
L：足跡の形です。
T：はい、そうですね。
　　（ 正 を指して）この漢字は「正しい」という意味です。
　　どうしてか考えてみてください。（Lは考える）
L：先生、わかりました！「止まる」と「正しい」は仲間の漢字でしょう！
　　（WBに「止」と書き、その字のいちばん上に赤色のマーカーを使って1本の線を引いて）ここに足が止まったら正しいです。この線から出たらだめ。正しくないです。

[わかる] 単漢字を教える

例3）「隹」から「集」「雑」「進」を教える

用意するもの：単漢字カード、部品の絵カード「隹」「辶」（巻末付録 p.125, 120）
　　　　　　　写真か絵（木に止まっている同じ種類のたくさんの鳥）
　　　　　　　小道具（雑誌）
対象者：初級の主に非漢字圏学習者

T：（ 集 カードを見せて）この漢字の中に、よく知っている漢字がありますね。
L：はい、「木」です。
T：（「隹」を指して）木の上のこの形は何だと思いますか。
L：わかりません……。
T：木の上には何がいるでしょうか。（部品の絵カード「隹」を見せる）
L：鳥ですか。
T：そうです。これは鳥の意味です。
　　（木の上に、スズメなど同種類の鳥が止まっている写真や絵などを見せて）
　　この鳥がたくさん集まっていますね。だから、この漢字は「集まる」という意味を表します。

T：（ 雑 を見せて）この漢字を分けてみてください。
L：「九」と「木」と「隹」です。
T：（ 集 を見せて）この漢字とどこが違いますか。
L：「九」が入っています。
T：そうですね。ではどんな意味だと思いますか。
L：九の鳥がいるということですか。
T：いいですね。「九」ということは、いろいろな種類の鳥がいることです。
　　（雑誌を見せて）これは何ですか。
L：ざっしです。
T：そうですね。
　　（ 雑 を指して）この漢字は「ざつ」と読みます。雑誌の「雑」です。
L：ああ、そうか。雑誌は、いろいろなものが入っているからですね。

T：（ 進 を見せて）これはどんな意味でしょうね。
L：「隹」と道があります。
T：（部品の絵カード「隹」と「辶」を見せて）
　　鳥が道を行きます。スピードはどうでしょう。

L：鳥だから速いと思います。
T：そうですね。だからこの漢字は、「む」を足して「すす－む」と読みます。
　鳥が飛ぶように速く前に行くという意味です。

ひとこと

　漢字を構成している部品の意味に注目してみると、「化」「比」「北」も仲間として覚えられます。「人」という意味でつながる漢字には、以下のような例もあります。

例）「服」と「危」
　「服」の「卩」は、ひざまずいて座る人の意味で、「又」は、ひざまずく人を後ろから「手（＝又）」で押さえつけている形です。屈服させている「服」の意味が理解できます。
　「危」の「⺈」は、「卩」の変形で、崖の上からひざまずいて下を見ている人の姿です。そしてそれを心配しながら下から見ている人が「㔾」です。危ない様子が目に見えるようです。

例）「大」「天」「太」「夫」
　「大」は、人が両手両足を広げて立っている姿です。この「大」をもとにして、その頭の部分に線を引いて示したのが「天」、内側に点を加えて体型を表したのが「太」。「天」と形が似ている「夫」は、結婚式に冠をかぶった晴れ姿で、きらびやかな様子が１本の線に表されていて見事です。「大」「太」「天」「夫」は字形が似ているので、画数は少なくても書き間違いが起こりやすい漢字ですが、それぞれの意味が理解できれば、迷うことなく書けるはずです。

　こうした形の変化は人だけに見られるものではなく、自然や動植物など、人間を取り囲んでいるあらゆるものが、いろいろな形に姿を変え、漢字の中に組み込まれて意味を伝える役割を果たしています。
　部品で教えることで、学習者は部品の役割に気づくとともに、漢字には同じ部品でつながるものがたくさんあることを理解します。そして新しい漢字に出合ったときに、部品に着目しながら漢字の意味を推測できるようになります。巻末付録を有効活用しながら、楽しい授業を工夫してみてください。

[わかる] 単漢字を教える

音符で教える

形声文字の「音符」の力を活用しながら、学習していく方法です。この場合の「音符」とは、音楽の授業で使われる記号のことではなく、「漢字で、字音を表す部分」（『スーパー大辞林』三省堂）を意味します。たとえば「冷」の「令」の部分、「油」の「由」の部分が「音符」にあたります。

形声文字と会意文字は、複数の字形から作られている点では同じですが、明らかな違いとしては、形声文字にはその文字を形作っているどこかに、音を示している音符があるということです。漢字の中でいちばん多いのが形声文字で、12ページでも紹介した「住」（ジュウ）「駐」（チュウ）「柱」（チュウ）「注」（チュウ）のように、同じかもしくは似たような音符でつながっています。この形声文字の特徴を利用して、読み方がたくさんあるという漢字の問題を解決していきましょう。

例1）「会」と「絵」

用意するもの：熟語カード（板書も可）
対象者：特に問わない

T：（ 絵画 カードを見せて）これは何と読むでしょう？
L：……エガ……ですか。
T：いいえ、絵にはもう1つ読み方があります。
L：……（わからない）。
T：「絵」の漢字の中にヒントがありますよ。
L：会？　カイ？　カイガですか。
T：そうです。

例2）「止」と「歯」

用意するもの：特になし
対象者：特に問わない

L：どうして「歯」の音読みは「シ」と読みますか。
T：漢字をよーく見てください。どこかに知っている漢字がありませんか。
L：あっ中止の「シ」がある！
T：そうですね。上にあるのは止まる、中止の「止」、ですね。

> **ひとこと**

　常用漢字の６割以上を占めるといわれている形声文字。残念ながら象形文字や指事文字のように視覚的に覚えることは難しいのですが、文字のどこかに音が示されているといううれしい点もあるのです。

　「絵」という読み方を覚えた学習者は、「絵画」を「えが」と読んでしまいます。そのときに、「これは、かいがです」と言うだけでは、学習者は「また読み方が増えた……」とがっかりしてしまいます。けれど、「絵」の中に「会」という音符を見つける方法を教えると、表情がぱっと明るくなるのです。

　同じように、「歯」の中に「止」という音符を見つけて「しか」と読めると、「なあんだ、漢字って意外と簡単なんだ！」と思えてくるようです。

　同じ音符を持つ漢字を、巻末付録（p.108）に分類、整理しました。各漢字が、何の音符でつながっているかを確認してみてください。この表を使って、たとえば次のような練習ができます。

例）
1．共通の音符を持つ漢字カードのグループを、５種類くらい用意する。
　　例）「安、案」「遠、園」「可、何、歌、荷」「化、花」「会、絵」
2．WBにバラバラに貼る。
3．Lに、音符ごとにグループ分けさせる。

　普段から、新しい漢字が出てきたときに、同じ音符を持つ既習の漢字を思い出させて、仲間として紹介すると、学習者の頭の整理になるようです。その際、正しい読み方をすぐ示すのではなく、左ページのような方法で、まずは学習者に考えさせてみましょう。

　前出「部品で教える」のように、漢字を「意味」から学習していく方法は初級段階から行いますが、音符は、ある程度学習が進んで漢字の数が増えてきた段階で行うのが効果的です。既習の漢字を上手に活用しましょう。

わかる

学習者別対応法

訓読みを中心に教える

漢字の意味がわかっている漢字圏の学習者の中には、送り仮名が必要な和語の訓読みに苦手意識を持つ人が少なくありません。語彙が増えてきたものの、いつまでも漢字熟語に頼っている学習者のために、訓読みを中心に教える方法です。

例）「頭が痛い」「授業を休む」など

用意するもの：文カード、熟語カード（板書も可）
対象者：基本的な漢字の読み書きはできるが、訓読みの語彙を使いこなせない初級後半〜中級の漢字圏学習者

T：（ 頭痛で授業を欠席します。 カードを見せて）読んでください。
L：ズツでジュギョウをケセキします。
T：ズツウ、です。
L：ズツウ。（同様にケッセキも正しい形で復唱する）
T：いいですね。ズツウというのは何ですか。
L：頭が痛いです。頭が痛いことです。
T：欠席は？
L：授業を……休みます？
T：そうですね。どうして授業を休みますか。
L：頭が痛いだから……。
T：頭が痛いだから、ですか。
L：頭が痛いから授業を休みます。
T：はい、いいですね。

T：では、これはどんな意味ですか。
　　長文 （ちょうぶん）→長い文
　　新車 （しんしゃ）→新しい車、買ったばかりの車
　　閉店 （へいてん）→店が閉まること
　⋮

T：では、これはどんな意味ですか。

わたしは<u>転倒</u>してしまいました。 →転んでしまいました。
リンさんは今年、<u>来日</u>しました。 →日本へ来ました。
<u>休日</u>に、よく<u>読書</u>をするようになりました。
　　　　　　　　　→休みの日に、よく本を読むようになりました。

…

ひとこと

　頭痛、頭が痛い……どちらも使える表現です。どんなときどちらを使うのが適切なのでしょうか。

　頭痛、休日などの熟語は、書いてあれば一目瞭然ですが、会話の中では意味がとりにくくなる恐れがあります。これは日本語には同音異義語や発音の似ている熟語が多いためです。また、漢字熟語ばかりでは堅い印象を与え、不適切な場面もあります。

　学習者のレベルによっては、言い換えによってどう印象が変わるか話し合ってみてもいいですね。下の例のように、訓読みから音読みにする練習もできます。

例）
1．訓読みをする漢字を使ったカードを10枚くらい用意する。
　　例） 新しい車　　店が開く　　外で食べる
2．全員で、カードを読む。
3．Lは、これらのことばを漢字2字で書くようにする。
　　例）新しい車＝新車
4．Lは書いた漢字に振り仮名も書く。
5．読み方を確認する。

　言い換えは音読み、訓読みに限ったことではありません。必要に応じて（漢字圏学習者が苦手とする）カタカナ語彙に言い換えることも可能です。

例）演説→スピーチ、冷たい紅茶→アイスティー、訓練→トレーニング

　「頭痛」と「頭が痛い」を使い分けることができるように、「演説」と「スピーチ」も意味が全く同じというわけではありません。状況に合わせて2語を使い分けられるようにしたいものです。教師は普段からどんなときどちらを使っているか意識して考えるようにしましょう。漢字の授業だからといって漢字語彙に固執することなく、その都度適切と思われる語彙を導入することが、学習者の語彙力アップにつながります。

わかる 学習者別対応法

生教材で教える

「ちょっとかじりたい型」「今すぐ必要！型」の学習者(p.33、34参照)などから、テキストを使わずに勉強したいという希望があった場合、生教材をどのように活用すればいいのでしょうか。新聞を使って漢字の読みを教える方法を紹介します。

例）新聞を使ったビジネス漢字の導入

用意するもの：新聞の見出しの切り抜き
対象者：会話はできるが読み書きが苦手な初級後半～上級の非漢字圏学習者

T：きょうのテーマは税金です。（新聞の見出しを見せて）この中で知っている漢字はありますか。

> **国の税収5.6％増**
> **7月末前年比**

L：最初は「くに」ですね。くにの……国の何かが5.6％ですね。
　　ショウヒゼイのこと……ではないですね。
T：そうですね。国の「ぜいしゅう」と読みます。「ぜい」は税金の「税」、消費税の「税」です。税収の「しゅう」は収入の「収」です。
L：国に入ってくるゼイキンということですか。
T：そうです。それが5.6％。増えたと思いますか、減ったと思いますか。
L：そうですね……。
T：（「増」を指して）これは「ふえる」という意味の漢字です。「ぞう」と読みます。
L：そうですか、じゃあtax revenueが、増えたんですね。
T：そうです。下の段にはいつの話のことか、書いてあります。
L：7月ですね。7月の……。
T：7月の「末」は「まつ」と読みます。
　　（以下、「末」「前年」「比」について説明）
T：Lさんのお仕事に、税金の影響はありますか。どんなことで影響が大きいですか。
　　⋮

> **ひとこと**

　ビジネスパーソンの学習者は社会経験が豊富で、こちらが勉強させてもらうことがたくさんあります。漢字が読めないため日本語の新聞こそ読めませんが、母語の新聞やインターネットで情報や知識はしっかり持っている人が多いのです。

　この実例のように、会話ができて表記の弱い学習者の場合、聞き覚えていることばが豊富です。この学習者も漢字はわかりませんが、「消費税」「税金」「収入」という日本語は知っていました。日本滞在歴も長く、会話は上手なのですが、漢字学習については、少し覚えては挫折するということを繰り返していました。そこで、新聞の見出しを使って、日常使っていることばから漢字の読みを覚えることにしたのです。漢字学習の挫折を繰り返しているということで、全くの初心者というわけではありませんでした。例の中でも「国」「7月」などは読めていましたね。

　このような学習者には1つ1つ教え込むのではなく、学習者との会話の中で、どこまで知っているか、どこからわからないのか確認しながら、出てくることばを漢字に変えていく形で授業を進めましょう。

　上記のような見出しのことばが読めたら、以下のような進め方が考えられます。

- 見出しをもとに、学習者の意見を聞く
- 関連する用語を覚える

　少しずつ学習したいのなら「見出しをもとに、学習者の意見を聞く」のがよいでしょう。「日本の税についてどう思うか」など、見出しのことばを使いながら、学習者の得意な会話を多く取り入れます。

　よりたくさんの語彙に挑戦したいのなら「関連する用語を覚える」です。上の例の場合なら「税」→消費税、関税、「収」→収入、支出……と語彙を広げていきます。1回に覚えられる数には限界がありますので、提出する語彙数は学習者を見て調節します。

　見出しで内容を推測させてから記事を読む練習も考えられますが、記事には難解な言い回しもありますので、文字に不慣れな学習者には見出しにとどめておいたほうがよさそうです。記事の内容を教師が説明して、「見出しをもとに、学習者の意見を聞く」練習にするといいでしょう。

　また、この例のように漢字の読みだけを希望する学習者もいます。無理に書かせようとしないで、92ページのようにパソコンを使って教えるのも1つの方法です。

2 「覚える」授業例

「わかる」で、漢字の意味や成り立ちを理解したら、次は「覚える」です。ここでは、さまざまな反復練習や復習の方法を紹介します。ほとんどの練習がレベルを問いません。学習者のニーズに合った練習を繰り返し行ってもいいですし、手を替え品を替え、さまざまな練習方法に取り組んでみるのもいいでしょう。

単漢字を覚える

単漢字カルタ

用意するもの：単漢字カード（約30枚[注]）
対象者：特に問わない

[注]枚数は目安です。学習者の人数に応じて調整してください。

1．カードを、机にバラバラに置く。
2．Lは、Tが読み上げたカードを取る。
3．カードが取れなかったLは、その漢字を使った熟語や文を言う。

例）
T：はな。
L1：（ 花 のカードを取って、ほかのLに見せる）
L2：きれいな花ですね。
L3：花瓶。

ひとこと

熟語や文を言うのは、カードを取れなかった学習者全員か、右隣の人だけかなど、クラスに合わせてルールを変えましょう。グループ対抗にしたり、読み手を学習者に任せたりすることもできます。最後に全員でカードを読み上げ、各自、作った文をノートに書かせてもいいでしょう。教師が漢字の意味を言い、その漢字カードを取らせてもいいでしょう。

記憶力クイズ

用意するもの：単漢字カード（〜約10枚）
対象者：特に問わない

1．Tは、単漢字カードを両手に1枚ずつ持ち、素早く見せて隠す。
2．Lは何の漢字だったか、思い出して答える。
3．カードを見せて、正解を確認する。慣れたら、カードの数を増やす。

例）
T：（見せたカードを隠して）今のは何の漢字でしたか。
L：「森」と「雨」ですか。
T：（カードを見せて）そうですね。では、今度は5つ、漢字を出します。（連続して素早くカードを5枚繰って）何の漢字でしたか。
L：森、雨、川、花……空……？
︙

ひとこと

　漢字を素早く見せることや連続性を持たせることで、難易度は高くなりますが、ゲーム性があり、学習者は集中して記憶することができます。漢字だけでなく熟語で行うこともできます。答えを確認した後に、その漢字を書かせてもいいでしょう。

なくなったカードは？

用意するもの：単漢字カード（約10枚）
対象者：特に問わない

1．カードをWBに貼って読み練習をしたら、Lに後ろを向くように指示する。
2．その間に、Tはカードを1枚外し、ほかのカードの位置もバラバラに入れ替える。
3．Lに前を向くように指示し、WB上にない漢字は何か当てさせる。

ひとこと

　慣れたら、提示する漢字カードの枚数や外す漢字を増やして、難易度を上げます。答えを書かせれば、漢字を書く練習にもなります。

覚える 単漢字を覚える

神経衰弱

用意するもの：単漢字カード（同じ漢字のペア、約15組合計30枚）
対象者：特に問わない

1．テーブルの上に、全てのカードを裏にして並べ、神経衰弱の要領で、同じカードを当てて取る。
2．違っていたら、もとに戻し、いちばんたくさん取った人の勝ち。

ひとこと

単漢字だけでなく熟語でもできます。同じ漢字ではなく、反対の意味の漢字をペアにして取るようにしても、面白いでしょう。

グループ探し

用意するもの：単漢字カード（約25枚）
対象者：特に問わない

1．Tは、WBにカードをバラバラに貼る。
2．Lはみんなで考えながら、漢字を共通のテーマを持ったグループに分ける。
3．共通のテーマを確認させたら、Lは各グループに属するほかの漢字を、できるだけたくさん板書してつけ足す。

漢字の例）

青　朝　弟　目　涼　場　東　歩　西　暑　止　夫
夜　白　口　南　母　頭　寒　昼　所　動　黒

T：（ 青 を指して）この漢字は何と読みますか。
L1：「あお」です。
T：そうですね。（ 白 を指して）これは青と同じグループです。何のグループかわかりますか。
L2：青と、白……色！　色のグループです！
T：そうです。ではほかに、色のグループに入る漢字、ありますか。
L3：黒、くろがあります。

T：そうですね。では、ほかに色の漢字、知っていますか。
L：赤、茶……。（板書で、できるだけたくさん書き足す）
⋮

　　答え…青　黒　白（色）、母　弟　夫（家族）、歩　動　止（動詞）など

ひとこと

　方角（東西南北）、形容詞（寒暑大小）、体（手足目口）など、さまざまなグループが考えられます。

仲間外れ

用意するもの：単漢字カード（1グループ約7枚で4グループ分くらい）
対象者：特に問わない

1．共通のテーマでグループにした単漢字カードの中に、違うものを入れて提示する。
2．Lは違うものを取り出し、理由を言う。
3．同じグループのほかの漢字を言う。

単漢字カードの例）

| 新 | 遠 | 多 | 早 | 長 | 明 | 歩 |

答え…「歩」だけ動詞で、ほかは形容詞

ひとこと

　共通のテーマで漢字を整理することができるようになります。書く練習でも使えます。

ペア探しのバリエーション

同音の漢字

用意するもの：熟語カード（同音の漢字を含むペア、約10組合計20枚）
対象者：初級後半〜中級の学習者

1．例のような熟語の書いてあるカードを、机にバラバラに置く。
2．太字の漢字が同じ読み方をするカードを探してペアにする。

覚える ペア探しのバリエーション

熟語カードの例)

遠足 — 百円	先生 — 千円
姉妹 — 市内	新聞 — 文化
音楽 — 大学	

ひとこと

　同じ音読みの漢字をペアにする練習です。ダミーのカードを1枚入れておけば、どれともペアになれないカードを探す、というゲームになります。

　日本には、同音の漢字が多くあります。同音の漢字の整理には、巻末付録「音でつながる漢字の仲間」を活用してください。付録を参考に、次のような練習を取り入れると効果的です。

例)
1. 「間・館・寒・関・感・開……」のように、同音の漢字の中に、1つだけ違う読みの漢字を入れ、それを探させる。
2. 「図書館で1時間勉強します」など同音の漢字が含まれている文章を作り、Lに探させる。
3. 同音の漢字を思い浮かぶだけ書き出させる。

　形、意味、音のさまざまな角度から、漢字を楽しく学べる工夫をしていきましょう。

対義語

用意するもの：文字カード（対義語のペア、約10組合計20枚）
対象者：特に問わない

1. 下のような組み合わせのカードを机にバラバラに置く。
2. Tが1つのカードを読む。Lは、読まれたカードと、反対の意味のカードの計2枚を取る。反対の意味のカードを取るときは、読まれたカードの否定形も言う。

文字カードの例)

| 新しい | 古い | 大きい | 小さい |
| 長い | 短い | 重い | 軽い | 暑い | 寒い |

T：新しいです。
L：はい、新しいです。（ 新しい を取る）
　　いいえ、新しくないです。古いです。（ 古い を取る）

> **ひとこと**

　反対の意味を持つカードをペアにするだけでもいいのですが、例のようにカルタ形式にすることもできます。「取るときは否定形を言う」などのルールを加えれば、活用の練習にもなります。
　また、1枚だけ読めないカードを入れて、その読み方を推測させてもいいでしょう。たとえば、上記の例の「軽」という漢字が未習でも、ほかのカードのペアが全て見つかり、「重い」1枚が残っていたら、「軽い」は「かるい」と読むことが推測できます。

相方作成

用意するもの：文字カード（名詞を書いたもの、約10枚）、白紙のカード（約15～20枚）
対象者：特に問わない

1．Tは、文字カードを、1枚ずつWBに提示する。
2．Lは、各文字カードに関連する動詞を、白紙カードに漢字で書いてWBに貼る。
3．Tは最後に、カードをWB上でバラバラにして、指名したLにカードを使った文を言わせる。

例）

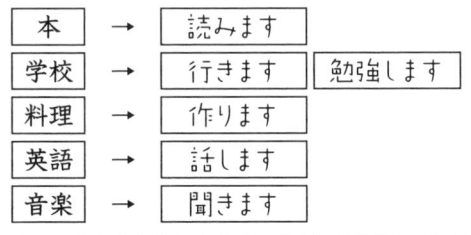

本	→	読みます	
学校	→	行きます	勉強します
料理	→	作ります	
英語	→	話します	
音楽	→	聞きます	

文…「本を読みます」「学校で勉強します」など

> **ひとこと**

　ペア探しに書く要素を加えた練習です。カードを1枚ずつ提示し、関連する漢字（例では動詞）を考えさせます。対義語などでも同じような練習ができます。

覚える

漢字に反応する

正しく動く

用意するもの：漢字カード（動作を表す漢字、約5枚）
対象者：初級前半の非漢字圏学習者

1．ペアになる。
2．1人がカードを出して、もう1人がその指示に従って動く。

例)
L1： 歩
L2：（歩く動作）
L1： 走
L2：（走る動作）
L1： 止
L2：（その場で止まる）
⋮

ひとこと

　このほかにも、「上、下、左、右」などのカードを見て、示されたほうを向く練習、「東、西、南、北」というカードで方角に向かって歩く練習、そのほか動作動詞の漢字を見てジェスチャーする練習などがあります。書けなくても、漢字を見てそのとおりに動けるのは、大切なことです。

速く読む

用意するもの：漢字カード（単漢字・熟語など、約15枚）
対象者：特に問わない

1．Tが漢字カードを提示し、初めはゆっくり読ませる。
2．慣れてきたら、カードを繰るスピードをだんだん上げて、最終的には瞬時に読む練習を行う。

漢字カードの例)
　　　病院　薬　内科　受付

> ひとこと

　漢字を見たときに「ゆっくりなら読める」というのでは、まだ定着したとはいえません。文や文章がすらすらと読めるようになるためには、単漢字や熟語が瞬時に読めるようになることが大切です。WBにカードを貼って、教師がアトランダムに指しながら、速く読む練習をするのも効果的です。

正しく読む

用意するもの：短文シート（漢字仮名交じりの短文が書かれたもの、約10枚）
対象者：特に問わない

1．シートを配る。
2．Lは各自、口頭で読む練習。
3．読めるようになったらTの前で読む。Tは発音指導。

短文シートの例）
　　　去年の7月に来日しました。
　　　料理をするのが苦手です。

> ひとこと

　漢字圏の学習者の中には「意味がわかるから、授業で漢字を練習する必要はない」と言う人がいます。これは、そのような学習者に向けた発音指導も兼ねた練習です。「読書」が「トクシュ」、「料理」が「リウリ」、「練習」が「リンシー」になってしまうなど、清濁や長音、拗音などは要注意です。「点々、つきますか」「長いですか」「リですか、レですか」などと聞き返しながら、きちんと読めているかどうかを確認しましょう。

電子辞書を使って

用意するもの：電子辞書
対象者：特に問わない

1．Tが、その日に学習した熟語を言う。
2．Lは聞き取った熟語を、電子辞書に入力する。
3．出てきた訳で、答え合わせ。

| 覚える | 漢字に反応する

> ひとこと

　たとえば英語がわかる学習者に、和英の電子辞書を使って行う練習です。電子辞書は、正しく入力しないと、該当漢字が出てきません。たとえば「サラリーマン対象の商品」の「対象」をうろ覚えで「たいしょ」や「たいしゅう」などと入れても、「対象」は出てこないのです。さらに、「たいしょう」と入力できたとしても、今度はたくさんの同音異義語（大正、対象、大賞、対照、対称、隊商、大勝……）の中から正しい「対象」に変換できないと、targetという英訳にたどりつけません。

　筆者がこの練習を始めるきっかけとなった学習者Bさんには「漢字は書けなくていい。とにかく読めるようになりたい」という目標がありました。それまではプリントを何度も読み返すという学習方法をとっていたそうです。読み方を入力してすぐに答えがわかるこの練習は気に入ったようで、喜んでやっていました。

漢字を再生する

漢字パズル

用意するもの：漢字を２つに分解したカード（漢字になるペア、約10組合計20枚）
対象者：特に問わない

1．漢字を、へんとつくりなど２つに分けて、それぞれをカードにする。
2．Lは、カードを組み合わせて１つの漢字を作る。
3．できあがった文字でできる熟語を考えて、発表。

カードの例）

| 田 | 丁 | 禾 | 火 | 雨 | ヨ | イ | 木 | 日 | 月 |

　答え…町、秋、雪、休、明
　　　（町内、秋分の日、雪山、冬休み、明日など）

> ひとこと

　平安時代には「へんつぎ」という、へんとつくりを使った遊びがあったそうです。上記の練習では、漢字をバラバラにしたカードを利用することで、漢字がいろいろなパーツの組み合わせでできていることが理解できます。

　以前、「省」「者」の区別がつかない学習者がいました。２つの漢字が同じ漢字に見えると言うのです。その発想がとても新鮮でした。斜めに横切る線の右下に、四角い形。「ショウ」と「シャ」。似ているといわれればそうかもしれませんが、「少」「土」「目」「日」

という漢字を知っていれば、見間違うことはないかもしれませんね。その点、パズルでの学習は漢字の部品を発見する力を養うのに効果的です。

カタカナ探し

用意するもの：単漢字カード（カタカナのもとになった漢字、教えたい文字の枚数分）
対象者：特に問わない

1．単漢字カードをWBなどに貼る。
2．漢字からカタカナが生まれたことを説明する。
3．Lはそれぞれの漢字の中にどんなカタカナが隠れているか、探す。
4．漢字の読み方を確認する。

漢字の例）

多（タ）　伊（イ）　江（エ）　止（ト）　八（ハ）　二（ニ）　礼（レ）　呂（ロ）　不（フ）
流（ル）　己（コ）　千（チ）　三（ミ）　世（セ）　宇（ウ）　加（カ）　比（ヒ）　毛（モ）
利（リ）　阿（ア）……

ひとこと

　漢字の中にあるカタカナを見つける練習です。最初に「多」や「伊」のようにカタカナが探しやすい漢字で練習を行ってから、「阿」「宇」「加」「比」「毛」「利」などの漢字を出していくといいようです。練習を通して、カタカナは漢字の一部を取って簡単にしたものだと理解できるのです。それまで知らなかった漢字の読み方がわかり、関心も高まります。同様に、漢字からひらがなを推測する練習もできます。ひらがなは、「安→あ」「以→い」「宇→う」のように、漢字全体の形を崩して作られたものなので、カタカナより見つけにくいですが、漢字の音を知るよいきっかけになります。

虫食いカード①

用意するもの：単漢字カード・透明ビニール袋（それぞれ約10枚）、いろいろな形に切った紙
対象者：特に問わない

1．単漢字カードがちょうど入る大きさの透明なビニール袋の表側に、切り抜いた紙を貼る（漢字を入れて提示したときに、漢字の一部が隠れて見えないようにするため）。

(覚える) **漢字を再生する**

2．各袋に漢字カードを入れて、WBに貼る。
3．Lは一部分が隠された漢字を推測して、WBに書く。

ひとこと

正しく書くためには、習った漢字の形をしっかり認識することと、それぞれの漢字の違いを見分ける力が必要です。それには、このような漢字を再生する練習が効果的です。

漢字の一部分をヒントに再生するのは、思い出しやすく、ゲーム性の高い練習です。いろいろな漢字を思い出すよい機会なので、すぐに正解を示さず、まずは学習者の推測する漢字を全部書いてもらうといいでしょう。

虫食いカード②

用意するもの：単漢字カード（約10枚）、ハサミ
対象者：特に問わない

1．それぞれのカードの漢字の一部分をハサミで切り取って、虫食い漢字を作る。
2．そのカードをWBにバラバラに貼る。
3．Lはその形から推測して、正しい漢字を書く。

虫食いカード③

用意するもの：熟語カード（約10枚）、ハサミ
対象者：特に問わない

1．熟語カードの一部分を切り取って、虫食いの熟語を作る。
2．そのカードをWBにバラバラに貼る。
3．Lは虫食いになっている部分の漢字を推測し、WBの熟語カードを完成させる。振り仮名もつける。
4．完成した熟語を読んで、正解を確認する。
5．振り仮名を消して、再度読みの練習をする。

ひとこと

最後に虫食いカードを1枚ずつ外していくと、WBには書き足した部分だけが残りま

す。その残った部分の漢字を指しながら、その漢字や熟語が何だったのか、もう１度思い出してみるのも楽しい練習になります。

部首から思い出す①

用意するもの：ノート
対象者：初級後半以降の学習者

１．同じ部首の漢字をできるだけたくさん思い出して書く。
２．書いたら読んで、それを使って文を書く。

例）
T：「イ」のつく漢字は？
L1：休（Lはそれぞれ板書する）
L2：低
L3：佐
　⋮
T：（それぞれの漢字を全員で合唱して）では、この漢字を使ってノートに文を書いてください。
　　文…「休みの日は何もしません」「佐とうさんは、せが低いです」など

ひとこと
　ある程度進んだ学習者の復習に効果的です。伊藤さんの「伊」、佐藤さんの「佐」などの人名から漢字を思い出す学習者もいます。クラスで勉強していない漢字でも、出てきたら共有して、それを使って文を作ってみましょう。

部首から思い出す②

用意するもの：漢字を２つに分解したカード（漢字になるペア、４組合計８枚）
対象者：主に非漢字圏学習者

１．４つのカードを組み合わせて、２字熟語を作るように指示する。
２．Lは考えて答えを書く。

覚える 漢字を再生する

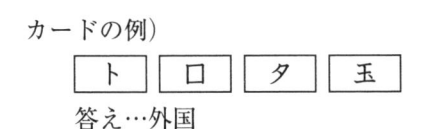

カードの例)

| ト | 口 | タ | 玉 |

答え…外国

ひとこと

数を増やして、ペアやグループで考えさせてもいいでしょう。

部首から思い出す③

用意するもの：文字カード（共通の部首を持つ漢字の部首を抜いた部分、1つの部首につき約4枚）
対象者：特に問わない

1．カードをWBに貼る。
2．共通の部首を考える。
3．各漢字に部首を加えて読む。

カードの例)

| 毎 | 永 | 主 | 也 |

答え…さんずい／海、泳（ぐ）、注（ぐ）、池

似ている漢字

用意するもの：単漢字カード（学習者が混同しそうな漢字のペア、約10組合計20枚）
対象者：主に非漢字圏学習者

1．カードをWBに貼る。
2．Lはそれぞれの漢字を読み、その漢字で文を作る。

カードの例)

| 手 |―| 毛 |、| 牛 |―| 午 |、| 旅 |―| 族 |

文…「わたしの手は大きいです」「リーさんのかみの毛はちゃいろいです」
「きょうの午ご、スーパーへ牛にゅうを買いにいきます」など

> **ひとこと**

　学習する漢字が増えると、類似した漢字による混乱も多くなってきます。漢字の細かい違いにも注意を向ける練習をすることで、学習者の記憶が整理され、誤用が少なくなります。熟語で行うこともできます。WBに貼った漢字カードを外して、教師が言う漢字を書き取ると、書く練習になります。

漢字を整理する

字→熟語→文

用意するもの：ノート
対象者：特に問わない

1．Tは学習した単漢字を板書する。
2．Lはその漢字を使った熟語を考え、発表（板書する）。
3．板書された熟語の中から各自1つ選び、その熟語を使って文をノートに書く。
4．文ができたら、Tが添削。

> **ひとこと**

　単漢字を何度も書いて勉強することも大切ですが、それでは使い方がわかりません。その漢字からどんな熟語を思いつくか、まず発表してもらいましょう。同音異義語など、間違った熟語が出てきたら、指摘します。

辞書作り

用意するもの：ノート
対象者：特に問わない

1．Tは学習した熟語を板書する。
2．Lは対訳と例文を書く。

> **ひとこと**

　テキストを使わず生活漢字などを取り上げて学習している場合、その場しのぎで済ませると定着しづらく、せっかく覚えた漢字を生活で使えないことがあります。そうなら

(覚える) **漢字を整理する**

ないために、漢字専用のノートを作っておきましょう。それが学習者のオリジナル辞書となります。

翻訳が載っていないテキストを使っている場合にも活用できます。ノートのとり方は自由ですが、訳だけでなく、その熟語を使った例文も書いておきます。これは、意味だけでなく、使い方を覚えるためです。できあがったら正しい文になっているか添削しましょう。

この「辞書ノート」をポケットサイズのノートで作っていた学習者がいました。漢字だけでなく、生活の中で気になったことばを書く習慣をつけていたのです。帰国するころには小さなノートが何冊もたまっていました。1冊目には日本語学習を始めたばかりのころのことばがいっぱい。「こんなことばもわからなかったんですね」と懐かしそうに見せてくれたものです。

書く

筆順を覚える

用意するもの：A4版8枚切りくらいの大きさの紙（漢字約5つ分の、筆順の枚数）
対象者：主に初級の非漢字圏学習者

1．1つの漢字を1画ごとにばらして、1枚の紙に書く。
2．TはWBに、筆順どおり、横並びに貼っていく。
3．Lは何の漢字か考えて、わかったらその漢字を板書する。

漢字の例）
「中」　｜丶｜　｜フ｜　｜ー｜　｜｜｜

ひとこと

このようなゲームをすることで、学習者は漢字の筆順の基本的なルールを意識するようになります。横並びを縦並びにして提示するだけでも、難易度が違ってきます。これらの練習は、WBだけでなく、シートで出して考えさせたり、グループ対抗にしたりしても楽しくできます。

慣れたら筆順どおりではなくバラバラに貼って、何の漢字かわかったら正しい筆順に並べ替える、という練習をしてもいいでしょう。

聞き取る

用意するもの：CD／カセットテープなど（既習の漢字熟語を使った短文を録音しておく）、
　　　　　　　CDプレーヤー／カセットデッキなど
対象者：特に問わない

1．Tは既習の漢字熟語を使った短文をいくつか録音しておく。
2．Lは録音された文章を聞き、習った漢字をできるだけ使って文を書き取る。
3．TはLが書いた文を添削する。

短文の例）
　　近くの店で飲み物を買ってきてください。
　　　　Lが書き取った文…「近かくの店でのみものを買てきてください」

ひとこと

　聞き取れるかどうかの聴解問題ではないので、用意する短文は学習者の日本語レベルよりも少し易しいものを用意します。
　短文を聞きながら、どこを漢字にできるか、送り仮名はどうするかなどを自分で考えながら文を書きます。例のように、送り仮名が間違っていたり、漢字で書けていない部分があったりするほか、時々「飲み物を書いてください」など、意味から間違えて書いてしまう場合があります。間違いは学習者と話し合いながら直していきます。
　録音媒体を使えば、繰り返し何度でも同じ文章を聞くことができます。学習者全員で一度に聞いてもいいですが、設備があれば、聞いて書くまでの工程は個人作業にしてみましょう。自分のわからない部分を自分のペースで繰り返し聞くことができます。

漢字で遊ぶ

漢字ビンゴ

用意するもの：ビンゴシート（縦3列×横3列）、単漢字カード（20枚）
対象者：主に初級の非漢字圏学習者

1．全員で1字ずつ漢字を読む。
2．ビンゴシートをLに配って、単漢字カード20枚の中から自由に好きな漢字を9字、シートに書くように指示する。

覚える 漢字で遊ぶ

3．Tが単漢字カードを読む。Lは書いたシートにTの読んだ漢字があれば、丸で囲む。
4．Tの読んだ漢字が縦、横または斜めの1列に3つ並んだ者の勝ち。

●ひとこと

　漢字をゆっくり丁寧に書く学習者もいるので、ビンゴシートのマス目の数を多くしすぎると、シートに記入する時間が長くなることがあります。学習者の状況を考えて、マス目の数を決めましょう。

連想ゲーム

用意するもの：（あれば）ストップウオッチ、紙（A5版くらい、学習者の人数分）
対象者：特に問わない

1．TはWBに漢字を1字書く。
2．Lはその漢字につながりのある漢字を考えて、WBに1つ書く。（父→母）
3．以下同様に、つながりのある漢字を連想しながら、順番に1人ずつ書いていく。
4．やり方がわかったら、Lに紙を配る。
5．Lは制限時間内に（たとえば3分）、Tが提示した漢字からできるだけ連想を広げて漢字をつなげていく。
6．終わったら、みんなで紙を交換して、読む練習をする。

例）
T：（「父」と板書する）「父」といえば何を思い出しますか。
L1：母。（「父」の横に「母」と板書する）
T：はい、では「母」の次は何をイメージしますか。何でもいいですよ。
L：子。女。国……（複数の意見が出る。1人指名して板書させる）
T：では、紙を配ります。（「父→？→？→？→？……」と板書して）自分のイメージで、どんどんつなげて書いてください。時間は3分です。
⋮

●ひとこと

　例では、1文字の漢字だけでつなげていますが、なかなか思いつかない学習者もいるので、1文字にこだわらずに楽しく連想しましょう（「父→会社→働く……」など）。

88

3 「使う」授業例

最後に「使う」授業例を紹介します。学習者が実生活に落とし込みやすい活動になるよう工夫しましょう。

「わかる→覚える→使う」が基本的な授業の流れですが、日本国内で生活している学習者は、すでに漢字を使う環境下にあります。その場合、最初に授業で「使う」現状をシミュレーションし、どんな漢字に囲まれて困っているかを把握してから「わかる」「覚える」と進む方法も考えられます。

漢字以外の授業で、あるいは生活の中で、実践的に「使う」機会がある場合、漢字の授業では「わかる」「覚える」段階まででOKということもあるでしょう。学習者の学習環境に合わせて、授業の組み立て方を考えてください。

読む

お知らせを読む

用意するもの：手紙、お知らせ、プリントなど学習者が実際に読む必要があるもの
対象者：初級後半以降の学習者

例）小学校の学年便りを読む

なかよし

○×小学校　第1学年
平成○年5月25日

　若葉が目に映える、美しい5月になりました。早いもので、小学校に入学して2カ月近くたち、1学期も折り返し点を過ぎようとしています。運動会では、限られた練習期間の中で踊りの振りつけをよく覚え、かわいらしい踊りを披露することができました。保護者の方にご声援いただきまして誠にありがとうございました。

学習予定

国語	どうぶつのあかちゃん おむすびころりんなど	音楽	おんがくにあわせてあそぼう
算数	あわせていくつ のこりはいくつ	体育	水遊び（水泳） マット
生活	はなをそだてよう	図工	うきうきボックス

プール開き

1年生のプール開きは6月12日（火）です。入る日は、毎週火曜日（火曜日に入れなかった場合は金曜日）を予定しています。

●持ち物（プールセット）
①水着(紺色無地 フリル無し)
②水泳帽(黄色メッシュ)
③バスタオル
④濡れた水着を入れる袋

☆お願い☆
・下記の金額1060円を、6月13日（水）に集金いたします。よろしくお願いします。

　　体力テスト　220円
　　入学式写真　840円
　　　　合計　1060円

使う　読む

T：プール開きのお知らせを見てください。持ち物は何と書いてありますか。
L：水着と、水泳帽と、バスタオルです。
T：もう1つありますね。
L：あ……水着を入れる……バッグ、ですか。「……れた」？
T：そうです。「『濡れた』水着を入れる袋、です」
L：ああ、フクロですね。
T：はい。あ、最後に1060円と書いてありますね。
L：はい、「集金」ですね。
T：何日に、いくら持っていきますか。
L：1060円。えーと。13日水曜日です。
T：はい、いいですね。

ひとこと

　子どもの幼稚園、保育園や学校からのお知らせが読めないと悩む学習者は多いようです。お知らせの冒頭は、時候のあいさつや担任、校長のあいさつが書かれていることが多いのですが、最初から読もうとして「新緑の候……」で挫折したという話を聞いたことがあります。（書いてくださった先生には申し訳ないのですが、）漢字の苦手な外国人の保護者にとっては、あいさつ文ではなく、それ以降の連絡事項にあたる部分が読めるかどうかが大切です。

　授業で取り上げる場合も同様です。要点をつかめているかどうかを確認しましょう。

　最初に、学習者が確実に読めそうなことばを拾って質問します。例の場合、「プール」や「1060円」は漢字がわからなくても目につきますので、そこから質問を広げます。この例では、ほとんど読めていますが、うろ覚えのことばがあれば「覚える」工程に戻って練習し直しましょう。全く漢字がわからないようなら、70ページの新聞の見出しの読み方のように、1つずつ教えていきます。

　ほかにもお知らせを見るポイントとしては、「最初のほうの（あいさつ）文は読めなくても大丈夫ですよ」「『さて』や『記』の後は大切なことが多いです。まずはそこから読んでみましょう」「『〜てください』や『お願いします』という文は、園（学校）からのお願いが書かれていますので、気をつけて読みましょう」などがあります。

　そうしたポイントを学習者自身でつかめるようになるために、ほかのお知らせを使った内容把握の質問を重ねてトレーニングしていきましょう。

音読する

用意するもの：日本語のテキストなど
対象者：初級後半以降の学習者

> ひとこと

　ある程度長い文章を読むのは、短文ばかり読んでいた学習者には達成感があります。いちばん手近なのは日本語のテキストです。テキストは基本的な文型で書かれていますので、漢字以外の表現でつまずくことがありません。

　たいていの日本語の初級テキストは、全ての漢字に振り仮名がつけてあります。テキストの短い読解文や長い会話文などを、既習漢字の振り仮名を消して読んでみましょう。テキストを拡大コピーして修正液で消してもいいですし、受験勉強などでよく使われるペン（赤いマーカーで消して緑のシートをかぶせて見るようなもの）を活用してもいいでしょう。学習者が使っていないテキストでもぜひ挑戦してみてください。

　英語圏出身のDさんは、初級の初期のテキストを振り返り、「この字も、この字も漢字で書いたほうが読みやすいです」と言っていました。確かに漢字がわかる人にとっては、ひらがなばかりの文（「うけつけにおんなのひとがいます」）より、漢字仮名交じり文（「受付に女の人がいます」）のほうが読みやすいでしょう。そう思えるようになったDさんは、とてもうれしそうでした。

書く

描写する

用意するもの：絵や写真、シート（既習の漢字を使ったことばを記入しておく）
対象者：初級後半以降の学習者

1．絵や写真を提示する。
2．既習の漢字をできるだけ使って1を描写する。

例）
T：　　　　の中のことばをできるだけ使って、絵について書きましょう。

> 図書館　本　静か　読む　借りる　返す

使う 書く

> ひとこと

漢字と文型を分けて学習している場合(p.39参照)、教師も学習者も漢字は漢字、文型は文型と分けて考えてしまうことがあります。そのため、文型のクラスで文を書くときはいつまでもひらがなで書いてしまったり、漢字のクラスの文作りにいっこうに新しい文型が使われなかったりということが起きてしまうのです。そうならないためにも、それぞれのクラスで今どんなことを学習しているか、教師はこまめに把握し、文型と漢字をリンクさせた活動を行うように心掛けたいものです。

パソコンで打つ

用意するもの：パソコン
対象者：パソコン入力のできる学習者

1．Tは文を読み上げる。
2．Lは文を入力する。
3．正しく変換できているか、答え合わせ。

例）
T：今年度の支出は前年度を10％上回った。（読む）
L：「今年度の支出は前年度を10％上回った。」（入力する）
T：今月の売上高を報告してください。（読む）
L：「今月の売上高を報告してください。」（入力する）

> ひとこと

うろ覚えで入力すると、なかなか正しい文に変換できないものです。例の場合「支出」を「ししつ」、「前年度」を「せんねんど」と間違えただけで正解にはたどりつけません。また、正しく入力できても、「報告、豊国、奉告……」のように同音異義語が多いと、正しい変換を選ぶのは難しいものです。

パソコン入力には手書きとはまた違った難しさがありますので、それに合わせた「書き」練習を行いましょう。本シリーズ『作文授業の作り方編』で、パソコン入力の指導法について詳しく紹介します。

聞く

時間割を並べる

用意するもの：曜日カード、科目カード
対象者：初級後半以降の学習者

1．曜日カードと科目カードを机の上に並べる。
2．Tはあらかじめ決めておいた時間割を読み上げる。

例）
曜日カード | 月 | 火 | 水 | 木 | 金 |
科目カード | 国語 | 算数 | 理科 | 書写 | 体育 | 図工 | 学活 | など

T：月曜日は、国語、算数、理科、書写です。
L：(月 のカードの上に言われた科目カードを置く)
T：火曜は、国語、体育、図工、図工、学活です。
L：(同様に置く)

> **ひとこと**

声に出して読んだり書いたりする以外にも、漢字が必要な場面はたくさんあります。可能なら、科目カードの代わりに実際に使用している教科書を使ってもいいでしょう(「図工」が実際の教科書には「図画工作」と書かれていて学習者が混乱したことがありました)。

例のように言われたとおりに予定表を組んだり、料理の手順を聞きながら材料を並べたり、学習者の生活環境に合わせて語を変え、言われた物を正しく並べる活動を行うことができます。

使う

話す

注文する

用意するもの：メニュー、広告など
対象者：特に問わない

1．Tが店員、Lが客となる。
2．実際にお店で使いそうな会話を練習する。

例）レストランで注文する
T（店員）：（メニューを見せて）ご注文がお決まりになりましたらお知らせください。
L（客）：すみません。
T：はい。
L：○○と××ください。
T：○○と××ですね。かしこまりました。少々お待ちください。
⋮

ひとこと

メニューや広告のレアリア（実物）を読みながら、それについて話す活動です。

例のように漢字学習の活動に使ってもいいですし、「これは何と読みますか」「（野菜ドリアと聞いて）やさいドリア、ですね。それに肉は入っていますか」というように、読み方を聞いてその内容がわかるまで会話を広げていってもいいでしょう。

ほかにも、さまざまなレアリアを活用して「不動産屋と広告を見ながら物件について話す」「旅行会社でツアーの説明を受ける」「病院で薬の説明を受ける」「病院で内科の場所を聞く」「デパートで婦人服売り場を聞く」などの会話をしてみましょう。

レベル的に実物が難しい場合は、その前段階として拙著『はじめての授業キット』（アルク）におさめた「オリジナルレアリア」が役に立ちます。薬袋、総合病院の案内、標識、デパートの店内案内などが、ことばは易しく、シンプルに加工してあります。これらには振り仮名がつけてあるものと、あえて振り仮名をつけていないものがあります。学習者に合わせて振り仮名を加減しながら、身近な漢字に触れてみましょう。

『はじめての授業キット』アルク

VI章

こんなときどうする？
Q&A

学習者や教師によく聞かれる質問を取り上げました。ここに紹介した答えは、筆者が現場での実践を通して試行錯誤しながら学んだもので、ただ1つの正解というわけではありません。よりよい教え方を見つけるために、自分だったらどうするか、考えてみてください。

■学習者からの質問…Q1〜7
■教師からの質問…Q8〜14

■ 学習者からの質問

Q1
「有難う御座います」と書いてもいいですか。

社会一般に正しいと認められている書き方を「正書法」といいますが、日本語は複数の文字を用いているために厳密な正書法がありません。公用文書や法令、新聞や教科書など一般の社会生活における表記は、内閣告示の表記基準が目安となりますが、専門分野や個人の表記などは、この基準に拘束されません。そのため「有難う御座います」「有難うございます」「ありがとうございます」など、いろいろな書き方が可能です。漢字ばかりの文を堅苦しく感じる人もいれば、仮名文字ばかりの文を幼稚に感じる人もいるでしょう。現在は、パソコンで変換すると複数の表記候補が出てくるので、個人の好みで書き分けることがよくあります。

　日本語学習者の場合、せっかく覚えた漢字を使って書きたいと思うのは当然のことです。特に、まじめな学習者の作文に「有難う御座います」「行った事が有ります」のような書き方が見られます。漢字の使い方が間違っていない限りは直しませんが、学習者の中には、文章はできるだけ漢字で書いたほうがいいと思っている人がいます。そんなときは、「よく漢字を知っていますね。この場合、一般的にはひらがな書きをする人が多いので、無理に漢字を使わなくてもいいですよ」と伝えるようにしています。頑張って漢字を覚えている学習者に書かないほうがいいというのもおかしな話ですが、日本人の多くが用いる一般的な漢字仮名交じり文の表記の仕方については、その都度話すようにしています。

Q2
「冷」「冷」は、どちらの字を書けばいいですか。

筆者が教え始めたばかりのころ、学習者から「比」と「比」は、画数が違うのではないかと質問され、返答に窮したことがありました。パソコンが普及した今でこそ「字体の違い」はよく知られていますが、当時の筆者は、学校の教科書が「教科書体」で書かれ、一般の印刷物は主に「明朝体」で書かれていること、そしてその書体には違いがあるということを知りませんでした。

　確かに学習者の言うとおりで、「比」を数えれば5画です。しかし、辞書で調べてみると「比」の4画となっています。周りの日本人にも「比」と書く人がいて、画数の捉え方も違い、ますます混乱しました。そして、たどりついたのが常用漢字表の付表でした。「字体についての解説」に、明朝体はあくまでもデザインの違いとして考えられていて、字体の違いとは見なされないとあったのです。「衣」「衣」、「北」「北」、「糸」「糸」などが例として挙げられています。確かに微妙に形が違います。「冷」と「冷」も同様ですが、この字は「マ」の部分の違いが大きいので、学習者は特に混乱するようです。非漢字圏学習者の中には、明朝体をそのまままねて筆写する人もいるので、活字と手書きの漢字は違うということを、その都度説明する必要があります。学習者には、「冷」と「冷」も、デザインが違うだけで同じ漢字であること、そして書くときには、「冷」のように書けばよいことを伝えましょう (p.20参照)。

こんなときどうする？ Q&A

Q3
書く順番を間違えるとだめですか。

文部省「筆順指導の手びき」（1958年）には「本書に示される筆順は、学習指導上に混乱をきたさないようにとの配慮から定められたものであって、そのことは、ここに取りあげなかった筆順についても、これを誤りとするものでもなく、また否定しようとするものでもない。」とあります。

漢字は長い歴史の中、形を変えながら使われてきました。筆順はもともと、楷書、行書、草書など、書体によっても異なっていたようです。戦後の国語教育では筆順が顧みられておらず、当時の子どもたちは教師が思いも及ばない書き方をしていることがあったため、指導上の観点から統一されたそうです。その後の指導が徹底されすぎたためか、テストでも筆順が扱われるようになり、指導の手引きどおりでないものは誤りとされるようになりました。こうして、日本人は筆順どおり正しく書けるように義務教育で指導を受けてきたため、つい日本語学習者にもその書き方を求めてしまうことがあります。

本来は、整った形が速く書けるようにと考えられた書き方の順番です。そのため、学習者に筆順を示すときには「このように書くときれいな形で書くことができますよ」と話しています。筆順どおり書けば、ある程度規則性があるので、新しい漢字を覚えやすくなります。初めて漢字を習う人たちが、一応の基準を知っておくことは必要ですが、漢字を楽しく学習するためにも、1点1画にこだわりすぎて、学習者の気持ちを萎縮させることのないように気をつけたいものです（p.21参照）。

Q4
どうして漢字には読み方がたくさんあるのですか。

音読みや訓読みについては、Ⅰ章でお話ししましたが、初めて漢字を学習する人に、いきなり呉音や漢音について説明をしても難しくなるだけなので、地図やイラストなどを使いながら次のようなことを話しています。

> 昔、日本には文字がありませんでしたが、中国から伝わってくる漢字を使うようになりました。漢字には「日本の読み方」と「中国の読み方」があります。日本の読み方を「訓読み」といいます。訓読みは、同じ意味の日本語を当てはめた読み方です。中国の読み方を「音読み」といいます。音読みは、中国の発音をもとにした読み方です。日本と中国の付き合いはとても長く、何百年にもわたって漢字は何度もやってきました。その何百年の間に、中国の発音が変化したため、漢字が日本に来た時代が違うと、同じ漢字でも発音の違うものがあるのです。たとえば、「人間」の「にん」、「日本人」の「じん」（ほかの例も示す）。日本人は昔入ってきた音を捨てないでそのまま使ってきました。そのため、音読みの多くなった漢字があるのです。

訓読みは聞くとすぐに意味がわかるものが多く、音読みは漢字をつなげて使うことが多いということも、例を挙げながら説明すると、それぞれの働きがわかりやすいでしょう。また、テキストや辞書では、音読みをカタカナで、訓読みをひらがなで書いてあることがありますが、これは、音訓をわかりやすくするために便宜上書き分けているだけだということも、初めに伝えておく必要があります（p.51参照）。

Q5
読み方のルールを教えてください。

「外国」や「外国人」は、学習者にとっていちばん身近なことばなので、「ガイ」という発音はすぐに覚えます。そのため、「外科」という漢字が出てくると、自信に満ちあふれた表情で迷うことなく「ガイカ」と読んでしまいます。読み方が違うことを話すと、途端に顔を曇らせて「ええっ、どうしてですか。『ガイ』と読むときと、『ゲ』と読むときのルールを教えてください」と質問されることになります。

「ガイ」は漢音、「ゲ」は呉音ですが、「それぞれ入ってきた時代が違うので、発音に違いがあります」と答えられたとしても、結果的には「残念ながらルールはないので、このまま覚えてください」と言うしかないのがつらいところです。

そのほか、よく聞かれるものとして「無理」の「ム」と「無事」の「ブ」、「不要」の「フ」と「不器用」の「ブ」などがありますが、これらも同様に呉音と漢音の違いで発音が異なっています。こうしたことは、初級の学習者に話しても覚える助けにはなりませんが、学習者の興味に合わせた情報を伝えられるように、漢字の知識として知っておきたいものです。

『漢字と日本人』(文春新書)の著者の高島俊男氏によると、「一般に、呉音は音がやさしく耳にこころよい。漢音は音がかたく、ゴツゴツしている」そうです。あらためて身の回りの漢字語について、どれが呉音でどれが漢音かを調べてみると、面白い発見があるでしょう (p.14参照)。

Q6
どうして「イマドキ」とカタカナで書くのですか。

カタカナで表記される主なものには、外国の地名や名前、外来語、動植物の名称、道具類の名称、「カタカタ」などの擬音語があります。

最近の文章を読んでいると、「ニッポンのココロ」「イマドキの大学生」などのように、漢字やひらがなで書けることばを、わざわざカタカナ書きしてあるものが目につきます。学習者から見れば、「なぜ漢字で書くべきところをカタカナにしているのか」と疑問に思うのは当然のことでしょう。

「イマドキ」を漢字で書くと「今時」となりますが、どんな印象の違いがあるでしょうか。書いた人の意図を考えてみると、「こんじ」と読み間違われるのを避けたかったのかもしれないし、「今時」「いまどき」ではなく「イマドキ」とすることで、トレンド情報を伝える現代風なイメージを出したかったのかもしれません。

このように、漢字やひらがなでは表現しきれない微妙な違いをカタカナで表すことがあるようです。あるときは読みにくさを避けるため、あるときはその部分を際立たせるため、またあるときは、語の意味内容よりも音声に注目させるためにカタカナ表記を用いるのです。

複数の文字を当たり前のように使い分けている日本人は、書き手のそうした意図を推測したり想像したりすることができますが、初めて漢字を学ぶ学習者には、不思議な表記の仕方にしか見えないでしょう。学習者がこのような疑問を持っていることを、心に留めておきましょう。

こんなときどうする？ Q&A

■ 教師からの質問

Q7
「温かい」「暖かい」など、漢字の使い分けがよくわかりません。

日本人でさえ、「温」と「暖」の使い分けには悩むことがあります。辞書で調べると、多くの辞書が「温」と「暖」を一緒に並べて載せています。意味的に重なっているものもあり、厳密に区別するのは難しいようです。

使い方がわかりやすいのは、反対の意味を考えた場合です。「温かい」の反対のことばは「冷たい」で、「暖かい」の反対は「寒い」となります。たとえば「スープ」は「寒いスープ」とはいえませんので、「冷たいスープ」に対する「温かい」を使うのだろうと推測できます。

このことから、料理、心、空気などは、「温かい」が使えそうです。一方の「暖かい」は、「暖かい部屋」「寒い部屋」といえるので、気候、一日、場所、懐などに使えそうです。

「温かい」は手など体の一部分が触れて感じるもの、「暖かい」は「体全体」で感じるもの、という違いで使い分ける場合もあるようです。

これ以外にも、「代える」「替える」「換える」や「固い」「堅い」「硬い」などの異字同訓の漢字の使い分けには、悩む場面が多くあります。辞書でも同一の見出し語になっていて、「使い分けが紛らわしい場合は、仮名書きすればよい」と書いてあります。

こうしたことから、学習者には「日本人でも使い分けに迷うことがよくあります。わからないときはひらがなで書けばいいですよ」と伝えるようにしています。

Q8
漢字の読み方は、最初から全部教えたほうがいいですか。

日本語を初めて学ぶ初級レベルの学習者は理解語彙が少ないので、最初から全ての音訓を学習していくのは、負担が大きいでしょう。特に非漢字圏学習者の場合は、形、意味、音、全てが初めてのものばかりなので、まずは学習者の知っている語彙に結びつけて（意味が理解できる訓読みを中心に）1つずつ学習を始め、徐々にいろいろな読み方を覚えていくほうがいいでしょう。

ただし、全ての漢字を1つの読み方に限定するということではありません。学習者が知っているようなことばであれば、音訓問わず提出していくことは大切だと考えます。

たとえば、「山」の場合、訓読みの「やま」を学習すると同時に、学習者がよく知っている富士山の絵を見せて「さん」という音読みにつなげることができます。「飲」の場合は、「○○を飲みます」のように、まずは意味がわかる訓読みを学習し、「飲食」「飲料水」などの中級レベルの語彙は、後から学習するほうがよいでしょう。

会話力が中級レベルなら、語彙が豊富なので、知っていることばに結びつけながらどんどん学習していくことができます。会話は上手なのに漢字学習を後回しにした「漢字だけゼロ型」学習者（p.33参照）などは、聞き覚えたことばと漢字が結びつくことにより関心度が上がり、砂地に水が染みていくように漢字を吸収していくことがあります。このような場合は、音訓問わず提示していくことができます。

Q9

どんな漢字を最初に教えるといいですか。

非漢字圏の学習者には、絵からできた象形文字が、いちばんわかりやすく学べるようです。筆者は、漢字クラスの初日に象形文字と会意文字の「私（わたし）注)」を次のように教えています。

初めに、「山、木、田……」などいくつかの象形文字を、「絵で教える」（p.56参照）の方法で導入します。次に、「私」の漢字を見せて、読み方を聞きます。もちろん初めて漢字を目にする学習者にはわかりませんが、中には読める学習者がいるかもしれません。学習者から出なければ、教師が「わたし」という読み方を出します。それから、「禾」と稲穂の絵を提示し、視覚的に「禾」の意味を理解させます。次に「ム」のカードを見せて、意味を考えます。教師は、両手で輪を作って抱えるような動作をした後、学習者の持ち物を両手で抱え込み、「これは私のです」と言います。その後で、再度、稲穂の絵を両手で抱え込んで、「ム」の形が、物を両手で抱えている形であることを理解させます（p.60参照）。

こうして読み方や意味が理解できたら、「私」の漢字カードを学習者に渡して、自己紹介に結びつけていきます。「私は○○です」「私の趣味は○○です」などと、実際の場面の中で使いながら覚えることで、学習者の記憶に残りやすくなります。

初回の授業は、学習者が漢字を面白いと感じるかどうか、次への興味や関心につながる大事な時間になります。

注）平成22年11月30日の内閣告示で「私」の訓読みに「わたし」が加わりました。

Q10

読みだけを学習したい人がいます。どうすればいいですか。

「漢字はどうしても書けるようにならなければだめですか。先生には書けるようになったほうがいいと言われていますが、わたしは読めるだけでいいんです」と、非漢字圏学習者が聞いてきたことがあります。教える側からすれば、漢字を勉強するのだから、きちんと書けたほうがいいだろうという親切心で勧めているのだと思いますが、この学習者の場合、書くことは望んでいないようです。

漢字学習のニーズは、学習者によって異なります。書けなくてもいいけれど、日常生活でよく目にする漢字の意味はわかって読めるようになりたい人、仕事の報告書を手書きで書くなど、読むだけでなくしっかり書けるようになりたい人などです。

漢字を読んで書くのは、日本人にとっても決して楽な作業ではありません。現実に、読めるけれど書けない漢字は意外とあるものです。先の学習者のような場合は、読むことを中心に学習していきましょう。書く必要がない人に、書けるようになることまでは求めないほうが賢明です。

目の前の学習者にはどのような漢字が必要なのか、読めるだけでいいのか、書けたほうがいいのか、それぞれの必要度に合わせた漢字リストを作成してみるとよいでしょう。

どんなときにも学習者が漢字に興味を持って積極的に学んでいけるように、教師は手助けしていきましょう。

Q11
漢字のテストは必要ですか。

　授業の中で行われる漢字テストには、小テストや定期テストなどがあります。テストによって、学習者は、学んだ漢字を習得できているかどうか、自己チェックすることができます。教師は、学習者の状況を把握し、指導方法などを内省することができます。

　テストが全ての学習者に必要かどうかは、漢字学習の目的によって異なるのではないでしょうか。勉学や仕事のために漢字が不可欠な学習者の場合は、毎回確認テストを行いながら授業を進めていくほうが効果的でしょう。一方、漢字への興味だけで学んでいる学習者の場合はどうでしょうか。テストを負担に感じ、モチベーションを下げてしまうのでは逆効果です。このような学習者には、テストよりも、V章の「2.『覚える』授業例」で紹介しているような方法で復習していくほうが有効だと考えます。漢字の一部を隠したり切り取ったりして提示するだけで、学習者はクイズを解いているような楽しさを感じるようです。

　要は、自己確認をペーパーテストで行うか、それ以外の方法で行うかの違いです。学習者が間違えることを恥ずかしく思わないような工夫をしながら、記憶を促進させ漢字学習を楽しく進めたいものです。

　漢字テストを作成するときは、ただ漢字を書いたり読んだりするだけでなく、答え方を選択式にしたり、グループの中から違う漢字を探したり、同音の漢字を分けたりするなど、漢字の面白さを発見できるような工夫をしてみましょう。

Q12
形が似ている漢字を教えるときにはどうしていますか。

　「輸」と「輪」、「荻」と「萩」など、字形が似ているため、日本人でも間違えてしまう漢字は多くあります。初級漢字の中から、学習者がよく間違える漢字を挙げてみましょう。

見―貝　　万―方　　字―学　　力―刀
土―士　　手―毛　　先―失　　名―各
天―夫　　苦―若　　科―料　　眠―眼
大―太―犬　間―問―聞　老―孝―考

　これはほんの一例ですが、このように似ている漢字をグループにして、フラッシュカードを使いながら読む練習をしてみましょう。新しく漢字を学習した後に、それと類似している既習漢字を加えて弁別練習をしていくと、学習者はその都度、違いをしっかりと認識することができるので、区別がつきやすくなるのです。

　この練習は、ひらがなやカタカナの字形の認識にも非常に効果的な練習です。たとえば、「あ、お」、「わ、れ」「ソ、ン」、「ツ、シ」などの似ている文字を繰り返し練習することで、学習者はその相違点を意識するようになります。

　そのほかの練習としては、たとえば「午後（１時）」の「午」を「牛」にして提示し、間違っている漢字を正しく直す練習をしたり、類似した漢字を何種類か用意して、その漢字を１つずつ使って短文を作る練習をしたりしていくと、頭の中がきちんと整理されるので、誤用が少なくなります (p.84参照)。

Q13

字源に忠実に教えなくてはいけませんか。

非漢字圏学習者が、漢字の意味を理解することなく、ひたすら書いて覚える作業を繰り返しているとしたら、どんなにつらい学習だろうかと胸が痛くなります。まずは漢字に意味があることをしっかりと教えましょう。その際、字源がうまく利用できれば、学習者も教師も漢字の面白さを存分に楽しみながら学ぶことができます。

筆者は「友」を教えるとき、「友」は左手を表す「ナ」と右手を表す「又」を合わせた形で友達の意味だと伝えます。漢字クラスの初日に「友」を導入して「みんな同じクラスで学習する友達なので、助け合っていきましょうね」と言うと、この漢字のおかげで和やかな雰囲気を作ることができます。

そうはいっても、いつも字源どおりに教えられるとは限りません。字源の説明が難解だと、語彙が少ない初級レベルの学習者にはかえってわかりにくい場合があります。また、字源どおりに説明したくても、日本の漢字の中には、旧字体から新字体になり、本来の意味を失っているものが多くあります。そのような場合は、「これはわたしのアイデアです」と話して、字源から離れた覚え方を提示しています。

いちばん大事なことは、学習者の記憶の助けになるということです。学習者が考える漢字の覚え方には感心するものがたくさんあります。みんなで知恵を出しながら、一緒に漢字ストーリーを考えるのも、漢字学習にプラスの効果をもたらすはずです（p.60参照）。

Q14

文型の授業にうまく漢字の時間を組み込めません。

日本語学習と漢字学習の合体型授業（p.40参照）の場合、漢字がおろそかになりがちです。そのようなとき、筆者は板書を工夫することと、5分でも毎回必ず漢字の時間をとることを心掛けています。

まず、新出漢字の板書は新出語彙と分けて書くようにします。授業の終わりには新出漢字のリストが板書されていることになり、学習した漢字を視覚的に伝えることができます。そして、リストの漢字を1つずつ確認していくのですが、時間がない場合はその中から特に使用頻度が高い漢字や、効率よい学習に役立つ部品を持つ漢字を選び、ほかの漢字が駆け足になったとしても、その漢字だけは丁寧に学習します。たとえば「親」という漢字の場合、初めに「立」「木」「見」という部品に分解して漢字の成り立ちを考えます。次に「父親」「母親」の熟語を学習者から引き出して、音読みの「両親」に結びつけます。その際、学習者に「わたしの両親は……」と短文でいいので話をさせて、記憶に残りやすくします。最後に、「親」の漢字と既習の仲間の漢字（子、兄、弟、姉、妹……）をつなげ、グループにして整理していきます。音読みの「シン」に注目して、同音の「森、新、心」などを思い出していけばなおいいでしょう。

書く時間は取れなくても、このようなやりとりで漢字の意味や使い方を学習できます。これを毎回欠かさないことが、漢字への興味を失わせないことにつながります。チームティーチングの場合は、漢字の組み込み方について教師間で話し合っておきましょう。

漢字は楽しい！

教師が漢字授業のさまざまなコツを学び、実践していくと、学習者にどんな変化が現れるのでしょうか。最後に、実際に学習者から筆者に寄せられた「漢字は楽しい！」の声をご紹介します。

- 漢字は勉強しなくてもいいと思ったけど、この授業はいいです。
  （初めは「漢字の授業は必要ない」と言っていた漢字圏学習者）

- 先生が教える方法は、とてもわかりやすいです。漢字の時間をもう少し増やしていただけるようにお願いします。日常生活に大変役立っています。
  （漢字クラスのアンケートに書いてありました）

- 漢字はいちばん嫌いで勉強が嫌でしたが、今は漢字の授業がいちばん待ち遠しいです。
  （非漢字圏学習者の感動的なことばです）

- 漢字のクラスはみんな元気ですね。
  （漢字の意味を考えて、いろいろなアイデアを言い合うので、とてもにぎやかです）

- 漢字の国の人に勝つと、うれしいです。
  （負けず嫌いの非漢字圏学習者。漢字パズルの組み立て競争をやると、いつも速くできます。中国の人に褒められると満面の笑みです）

- 漢字ストーリーが楽しいです。もっともっと漢字を教えてください。
  （授業で話した漢字ストーリーがすっかり気に入った非漢字圏の学習者。その後、漢字だけさらに勉強したいと個人レッスンでも学習するようになりました）

- 自分で考えた漢字の意味と先生の説明が合ったとき「やったー！」とうれしくなります。
  （漢字ストーリー作りの名人です）

- 今まで漢字の意味について考えたこともありませんでした。漢字は面白いです。いつも漢字の話を聞くのが楽しみです。
  （漢字圏なのに、目を輝かせながら聞いている学習者のことば）

- 授業で習った漢字の意味を日本人の友達に教えたら「すごい！」と言われました。日本人も知らないんですね。
  （日本人から感心されるので、ますます学習熱が増している非漢字圏学習者）

- 漢字はパズルみたい。大好き。
  (漢字圏学習者も一目置く漢字の達人(非漢字圏)に、どうしてそんなに漢字が得意なのか聞いたときのひと言)

- 漢字を分解して意味を考えるのが楽しくなりました。漢字を作った人はすごい人ですね。
  (会話がとても上手な、日本人の配偶者)

- 先生、漢字で書いてください。そのほうがわかりやすいです。
  (学習した漢字をひらがなで板書した際、非漢字圏の学習者から出たことば)

- 読めなかった、でも問題ない、意味、わかったから。
  (授業以外で知らないことばを見ても、漢字から意味を推測できた喜びを話してくれた学習者)

- 文章の中で、漢字だけ見ると意味がわかるのがすごいです。漢字の力はすごいです。
  (非漢字圏学習者。漢字に魅了されて、日本漢字能力検定3級に挑戦中)

- 同じ本でも、英語(版)の本より日本語(版)のほうが薄い。たぶん漢字に意味が詰まっているから。便利ですね。
  (漢字が表意文字であることに魅力を感じている非漢字圏の学習者のことば)

- 漢字が読めるようになったので、日本語能力試験のN2に合格しました！
  (非漢字圏学習者。次はN1を目指すそうです)

- 買い物に行ったとき、「割引」や「お買い得」などの漢字がわかるようになりました。
  (非漢字圏学習者の主婦。買い物情報がわかるようになる喜びはとても大きいようです)

- 先生、この見出しを書いた新聞社に手紙を送ってもいいですか。
  (新聞の見出しが読めて、自国について書かれた内容を知り、投書したくなった学習者)

- これでもう学校のお知らせにドキドキしなくてもいいですね。
  (学校のお知らせを題材にした授業を受けて。子どもの持ってくるお知らせや連絡網にいつもドキドキしていたそうです)

- 病院で、「受付」や「会計」などが読めるようになっていたので、主人に褒められました。
  (非漢字圏学習者。頑張って漢字を勉強しているので、日本人のご主人からプレゼントをもらったそうです)

- 台湾を旅行したときに、漢字を見ただけで行き先などがわかって大丈夫でした！
  (非漢字圏学習者。日本で学習した漢字が、台湾でレンタカーを借りたときに役立ったと喜んでいました)

巻末付録

選んで使える漢字リスト …………………………………… p.106

音でつながる漢字の仲間 ―漢字を読み方で整理する― ……… p.108

部品でつながる漢字の仲間 ―漢字を意味で整理する― ……… p.110

部品の絵カード …………………………………………… p.116

選んで使える漢字リスト

●基本漢字 100字
初心者に、まず教えるのに適している漢字。旧日本語能力試験4級レベルを中心に。

```
一 二 三 四 五 六 七 八 九 十 百 千 万 円
日 月 火 水 木 金 土
年 時 間 分 半 今 毎 午 何
学 校 先 生
人 男 女 父 母 子 兄 弟 姉 妹 私 友
口 目 耳 手 足
上 中 下 外 前 後 左 右 東 西 南 北
山 川 田 花 牛 馬 魚
天 気 雨 晴
本 名 国 語 電 車
大 小 高 長 白 黒
行 来 帰 休 食 飲 会 話 見 聞 読 書 出 入
```

●生活漢字語彙 70語
学習者が日本で生活するときに、知っておくと便利な漢字語彙。

```
禁止  禁煙  注意  危険  止まれ  通行止め  工事中  歩行者  優先
使用中  故障中  募集中  お知らせ  お願い  ご自由にお取りください
押  引  開  閉  自動  入口  出口  非常口
営業中  準備中  定休日
受付  窓口  案内  利用  無料  有料
可燃  不燃  指定  収集日
駅  地下鉄  病院  薬局  銀行  郵便局  映画館  駐車場
取扱中  通帳記入  お預入れ  お引出し  確認  残高照会  暗証番号  訂正
外科  内科  眼科  歯科  耳鼻科  皮膚科  小児科  産婦人科
お買い得  割引  半額  税込  (本日)限り  100円均一  組み合わせ自由
産地直送  賞味期限  消費期限
```

2000字以上ある常用漢字の中から、教師自身が教える漢字を選ばなくてはならないことがあります。そんなときに目安となる漢字をリストアップしました。学習者のレベルや目的に合わせ、取捨選択してください。

●新聞で使用されている漢字 上位500字

1位「日」、2位「一」、3位「国」、4位「十」、5位「大」 （以下、順番に6位以降）

会 人 年 二 本 三 中 長 出 政 五 自 事 者 社 月 四 党 分 時
合 同 九 上 行 民 前 業 生 議 後 新 部 見 東 間 地 的 場 八
入 方 六 市 発 対 員 金 子 内 定 高 手 円 立 回 連 選 田
七 代 力 今 米 百 相 関 明 開 学 問 体 実 決 主 動 表 目 通
化 治 全 度 当 理 山 小 経 制 法 下 千 万 約

戦 外 最 調 野 現 不 公 気 勝 家 取 意 作 川 要 用 権 性 言
氏 ゼロ 務 所 話 期 機 成 題 来 総 産 首 強 県 数 協 思 設 保
持 区 改 以 道 都 和 受 安 加 続 点 進 平 教 正 多 支 世
組 界 挙 記 報 書 心 文 北 名 府 指 資 初 女 院 元 共 海
近 第 売 島 先 統 電 物 済 官 水 投 向 派 信 結 重 団 税 予

判 活 考 午 工 省 知 案 画 引 局 打 反 交 品 解 査 任 策 込
領 利 次 際 集 面 得 減 側 村 計 変 革 論 別 使 告 直 朝 広
企 認 億 切 台 求 件 増 感 車 校 歳 藤 示 建 価 付 勢 男
在 情 始 台 々 聞 基 半 参 費 木 演 無 放 昨 特 運 係 住 敗
位 私 役 果 軍 井 格 料 語 職 終 宮 検 死 必 式 少 過 止 割

口 確 裁 置 提 流 能 有 町 沢 球 石 義 由 再 両 神 比 容
規 送 消 銀 状 輸 研 岡 談 説 常 応 空 夫 営 身 優 違 店
土 率 士 算 育 配 術 商 収 武 州 導 農 争 疑 残 護 何 断
真 転 楽 施 庁 番 害 援 究 可 起 視 副 構 線 急 与 足 額 証
館 質 限 難 製 監 声 準 落 病 張 葉 警 技 試 英 例 食 補 担
                                                松 郎 幹

景 備 防 南 美 労 谷 態 崎 着 横 映 形 席 域 待 象 助 展 屋
働 佐 宅 票 伝 福 早 審 境 仕 条 乗 想 渡 字 造 味 念 親
負 述 差 族 追 阪 験 個 況 訴 低 量 然 独 供 細 授 医 衛 器
音 花 頭 整 財 門 値 退 若 守 太 姿 答 末 隊 紙 注 株 望 含
種 返 洋 失 評 様 好 影 命 型 室 路 良 復 課 程 環 閣 港 科

『国立国語研究所プロジェクト選書1 新聞電子メディアの漢字 —朝日新聞CD-ROMによる漢字頻度表—』三省堂（1998）より

107

音でつながる漢字の仲間　―漢字を読み方で整理する―

●同じ音符を持つ漢字　△は音が変化する漢字　（教え方はp.66参照）

アン	安 案		セイ	生 性 星
エイ	英 映 △央オウ		セイ	青 晴 静 △情ジョウ
エン	遠 園		セン	泉 線
カ	可 何 歌 荷		セン	先 洗
カ	化 花		タイ	代 貸
カイ	会 絵		チュウ	注 駐 柱 △住ジュウ △主シュ
カク	各 格 △客キャク △落ラク △絡ラク		チョウ	丁 町 庁
キ	記 起		ツウ	通 痛
キュウ	九 究		テン	店 点
ケイ	経 軽		トウ	豆 頭
ケン	建 健		ドウ	動 働
コ	古 固 個 故 △苦ク		ハク	白 泊 △百ヒャク
ゴ	五 語		ハン	反 飯
コウ	交 校 効		ヒ	非 悲
シ	市 姉		フ	付 府
シ	止 歯		ホウ	方 放 訪
ジ	寺 時 持 △待タイ △特トク		ボウ	亡 忙 忘
シュウ	周 週		ミ	未 味
ショウ	正 証 症		ミン	民 眠
セイ	正 政		ユ	由 油
			ヨウ	羊 洋

●同音の漢字　（教え方はp.75参照）

イ	医 違 意 位 以 移		ガン	岩 元 願 顔
イン	院 員 飲 引		キ	木 帰 気 起 記 機 器 期 喜
ウ	右 雨		キュウ	九 休 究 求
エイ	英 映 営 泳		キョウ	兄 京 強 共
エン	円 園 遠		ギョウ	行 業 形
オウ	押 横		キョク	局 曲
オン	音 温		キン	金 近 禁
カ	可 花 火 家 歌 化 科 夏 価 荷 加 過 課 下 何 果		ク	九 区 苦
			ゲ	下 外
カイ	貝 会 回 階 開 海 絵		ケイ	軽 形 計 経 係 兄
カク	各 画 覚 格 較		ケツ	欠 決 結
ガク	学 楽		ケン	見 県 研 験 建 健
カツ	活 割		ゲン	言 元 原 減 現
カン	間 館 寒 関 感 漢 簡 完		コ	古 故 個 固 子 小 呼

学習者がよく目にする漢字を、音のグループで分類しました。学習した漢字を、読み方で整理するのに活用してください。漢字は、旧日本語能力試験2～4級レベルを中心にグループで覚えると効率的なものを選びました。

ゴ	五語後午		テイ	低弟定庭
コウ	口好高行後広降公工交考		テキ	適的
	港向効校		テン	天店転点
ゴウ	合号		デン	田伝電
コク	国黒		ト	渡図都
コン	今困婚		ド	土度
サ	左茶作		トウ	東島答冬当投頭豆
サイ	西妻細最		ドウ	道動働同
サン	三山産賛		トク	特得
シ	四子私姉糸止市思使始仕		ナン	何男南難
	試指紙資歯		バイ	売買
ジ	字時地自耳次寺持事治		ハン	半飯反
シツ	室失質		バン	万番晩
ジツ	日実		ヒ	日火非比飛悲疲費
シャ	社車者写		ビ	備美
シュ	手主酒取		ビョウ	病平
シュウ	周週集終習秋		フ	夫父付不府
ジュウ	十住中重		ブ	部分不無
ショ	書所初暑		フウ	夫風
ショウ	小少商正笑焼性消相証症		ブン	分文聞
ジョウ	上乗場情		ヘイ	平閉並
ショク	食色		ヘン	変返
シン	森新心親寝進真信神		ベン	勉便
ズ	図頭		ホウ	方報法放訪
セイ	生正性静星世晴西青政成		マイ	米毎妹
セキ	赤席関		メイ	名明
セツ	雪切説折接設		モク	木目
セン	千先泉洗選線川		モン	門問文
ゼン	前全		ヤ	夜屋野家
ソウ	草早送走相		ヤク	薬約
ゾウ	雑増		ユウ	夕有由右遊友
ソク	足速		ヨウ	羊曜用要洋様
ゾク	族続		ラク	楽落絡
タイ	大体待貸台代対退		リ	理利離
ダイ	大台弟代第題		リュウ	留流
タン	短単		リョウ	料両涼良
ダン	男暖談		レイ	冷礼例
チ	地池知治置遅		レン	連練
チュウ	昼中注駐柱		ワ	話和
チョウ	丁鳥長庁朝町調			

部品でつながる漢字の仲間 —漢字を意味で整理する—

人 立っている人を横から見た形

部品	部品を使った説明例	同じ部品の仲間
イ 左向きに立っている姿	休 人が木のそばに座って休んでいる	休 体 付 仕 何 作 住 伝 低 係 個 使 借 便 信 位 倍 代 働 価 備 健 優 値 宿……
大 両手両足を広げて立っている姿	天 人の上にある天	天 太 夫 央 – 映
立 両手を広げて地面にしっかりと立っている姿	位 人が立っている場所	位 並 注) 音 – 暗
ヒ 右向きに座っている姿	比 人が2人並んでいる。比べる	北 老 比 – 皆 化 – 花 – 貨
欠 左向きで、口を開いている姿	歌 大きな口を開けて声を出して歌っている	歌 飲 次
卩 ひざまずいて座っている姿	危 崖の上から人が下をのぞいているので危ない。下の人はひざまずいて心配している（p.65参照）	危 服 報
己 「卩」を変形させた形	配 ひざまずいてお酒を注いでいる	配 起 記
耂 長髪の老人を横から見た姿	孝 子どもが老人を大切にする	孝 老 考 者 – 都 – 暑
交 足を組んでいる姿	校 みんなが交わって一緒に勉強する所	校
儿 人の体の姿。胴体から足まで	兄 口で命令する兄	兄 元 光
子 両手を広げた子どもの姿	字 家で子どもが生まれるように増えていく字	字 学 季 好 孝 遊
女 手を前に交えて座っている姿	好 女の人が子どもを抱いてかわいがっている	好 姉 妹 妻 始 数 安
母 乳房のある女の人の姿	毎 頭にかんざしをつけている母。毎日忙しく働く	毎 – 海

注) もとの字は「竝」

学習者がよく目にする漢字の部品を、意味のグループで分類しました。新しい漢字を、意味のつながりで覚えるのに活用してください。漢字は、旧日本語能力試験2〜4級レベルを中心に基礎的なものを選びました。イラストは、絵カードとしても使えます（p.116〜）。

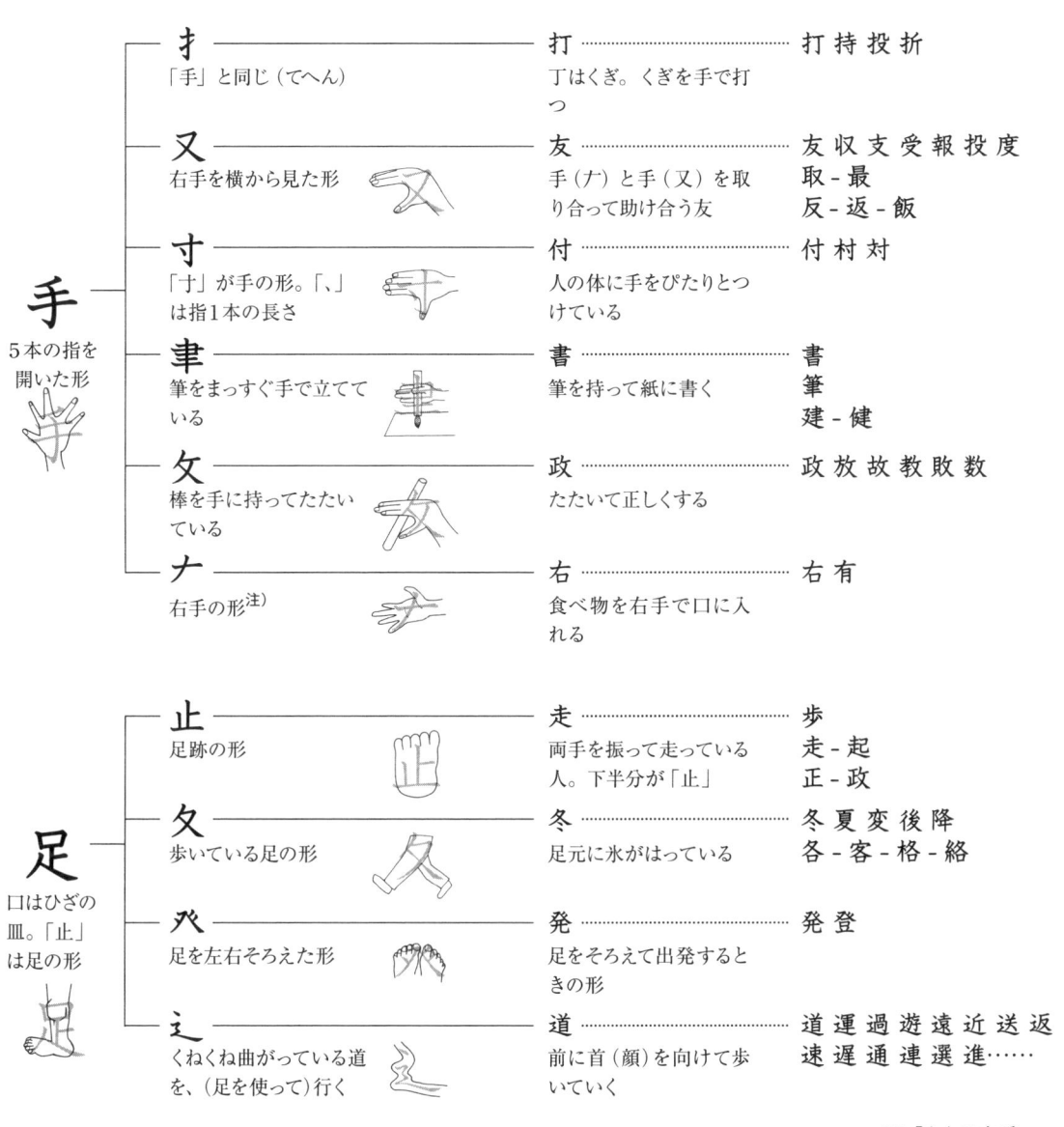

手
5本の指を開いた形

部品	説明	漢字	意味	例
扌	「手」と同じ（てへん）	打	丁はくぎ。くぎを手で打つ	打 持 投 折
又	右手を横から見た形	友	手（ナ）と手（又）を取り合って助け合う友	友 収 支 受 報 投 度 取 - 最 反 - 返 - 飯
寸	「寸」が手の形。「、」は指1本の長さ	付	人の体に手をぴたりとつけている	付 村 対
聿	筆をまっすぐ手で立てている	書	筆を持って紙に書く	書 筆 建 - 健
攵	棒を手に持ってたたいている	政	たたいて正しくする	政 放 故 教 敗 数
ナ	右手の形注)	右	食べ物を右手で口に入れる	右 有

足
口はひざの皿。「止」は足の形

部品	説明	漢字	意味	例
止	足跡の形	走	両手を振って走っている人。下半分が「止」	歩 走 - 起 正 - 政
夂	歩いている足の形	冬	足元に氷がはっている	冬 夏 変 後 降 各 - 客 - 格 - 絡
癶	足を左右そろえた形	発	足をそろえて出発するときの形	発 登
辶	くねくね曲がっている道を、（足を使って）行く	道	前に首（顔）を向けて歩いていく	道 運 過 遊 遠 近 送 返 速 遅 通 連 選 進……

注）「ナ」は左手

※初級レベルの学習者にもわかりやすいように、字源から離れた筆者オリジナルの解説も加えてあります。
※「－」でつながっている漢字は、同じ部品を同じ形で共有しているグループです。まとめて教えることができます。

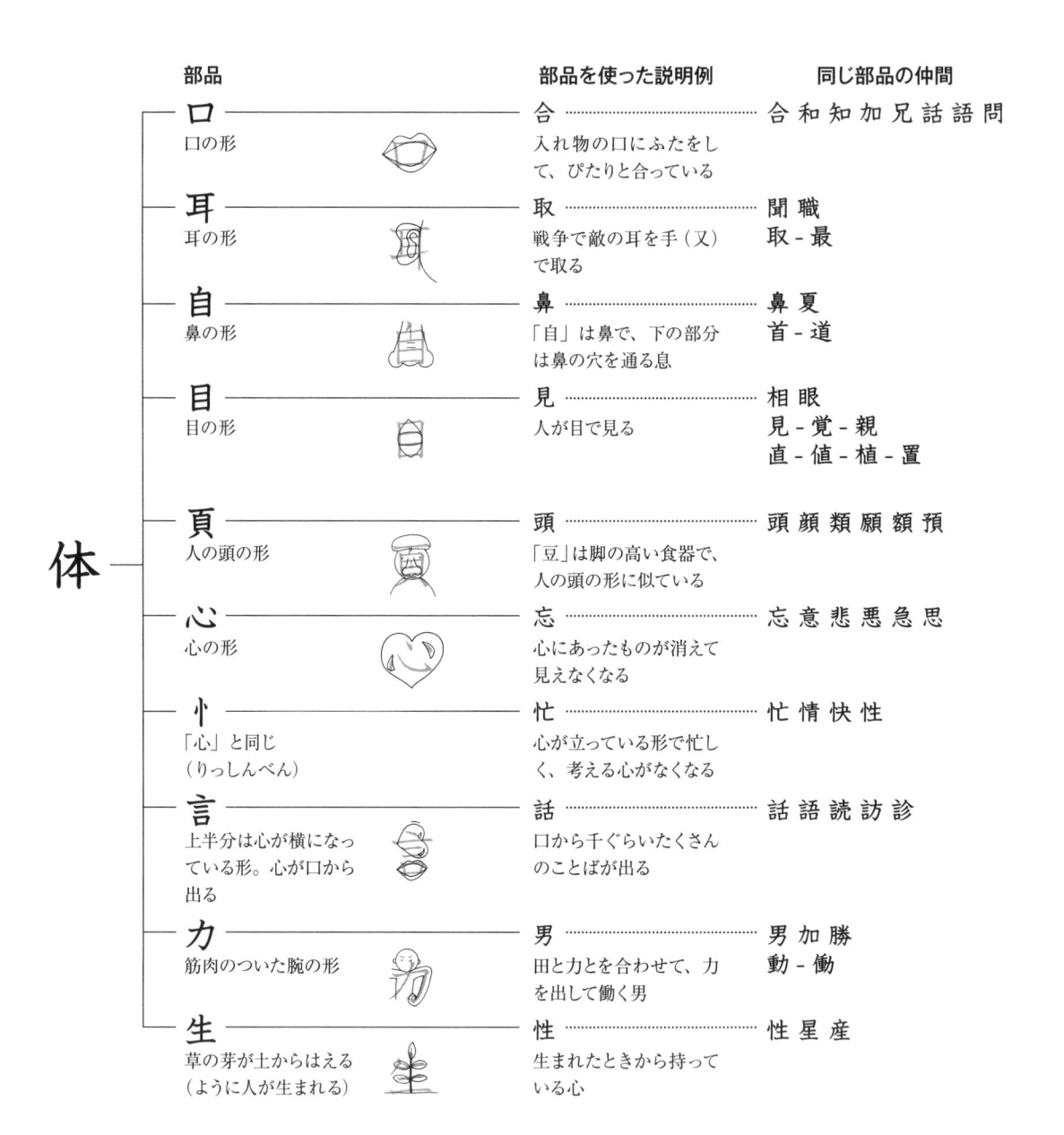

部品	部品を使った説明例	同じ部品の仲間
口 口の形	合 入れ物の口にふたをして、ぴたりと合っている	合 和 知 加 兄 話 語 問
耳 耳の形	取 戦争で敵の耳を手（又）で取る	聞 職 取 - 最
自 鼻の形	鼻 「自」は鼻で、下の部分は鼻の穴を通る息	鼻 夏 首 - 道
目 目の形	見 人が目で見る	相 眼 見 - 覚 - 親 直 - 値 - 植 - 置
頁 人の頭の形	頭 「豆」は脚の高い食器で、人の頭の形に似ている	頭 顔 類 願 額 預
心 心の形	忘 心にあったものが消えて見えなくなる	忘 意 悲 悪 急 思
忄 「心」と同じ （りっしんべん）	忙 心が立っている形で忙しく、考える心がなくなる	忙 情 快 性
言 上半分は心が横になっている形。心が口から出る	話 口から千ぐらいたくさんのことばが出る	話 語 読 訪 診
力 筋肉のついた腕の形	男 田と力とを合わせて、力を出して働く男	男 加 勝 動 - 働
生 草の芽が土からはえる （ように人が生まれる）	性 生まれたときから持っている心	性 星 産

体

山 山の形	(山)	島 渡り鳥が休む海の中の島	島 岩
氵 水の形	(氵)	流 「㐬」は子どもが逆さになっている形。赤ん坊が頭から生まれ出てくる様子	流 海 港 酒 油 涼
冫 氷の形	(冫)	冷 「令」は帽子をかぶってひざまずいている人。氷の地面で冷たい	冷 凍 冬
艹 草の形	(艹)	花 「化」は立った人が座っている人に姿を変える。花はつぼみが開いて咲くと、姿を変える	花 英 苦 草 茶 荷 菜 葉 落 薬
米 実がついている稲の穂の形	(米)	粉 米など穀物を細かく砕いて分け、粉々にしたもの	粉 数 料
禾 稲の形	(禾)	秋 穀物を収穫した後、翌年のために害虫を焼く	秋 私 科 利 番 季 委
竹 竹の形	(竹)	笑 竹のかざりを持ち神の前で人が楽しく踊っている	笑 答 第 筆
木 木の形	(木)	森 木がたくさんある	森 本 末 材 村 様 林 校 楽 横 機 橋 相 植 集 菜 葉 柱 未 - 味 - 妹
田 四角に区切った田の形	(田)	町 田を区切って町ができる	町 男 画 番
金 土の中に金がまざっている	(金)	針 「針」（丨）を通す小さな穴（・）が「十」の形	針 銀 鉄 銅
土 土から芽が出ている形	(土)	場 日がよく当たって明るい広場	場 地 増 社
石 崖の下にある石	(石)	確 鳥（隹）に覆いをかけて捕らえ、石で押さえて確実にする	確 研 岩
日 太陽の形	(日)	晴 空が青く澄んでいる	晴 明 映 昨 春 星 昼 時 暑 晩 暖 曜 早 場 朝 間 暗 - 音 - 意
月 月に雲がかかっている形	(月)	明 日も月もあって明るい	明 朝 期 青
火 燃えている火の形	(火)	燃 神にささげる犬の肉を火で燃やす	燃 焼 秋 熱 点 黒^{注)}
雨 雨が降っている形	(雨)	電 雨が降り稲妻が光る様子	電 雪 雲 - 曇
穴 土を掘って作った横穴の入り口の形	(穴)	空 まっすぐ穴が突き抜けていて（工）、中に何もない	空 究

自然

注) 灬（れっか）、火と同じ

113

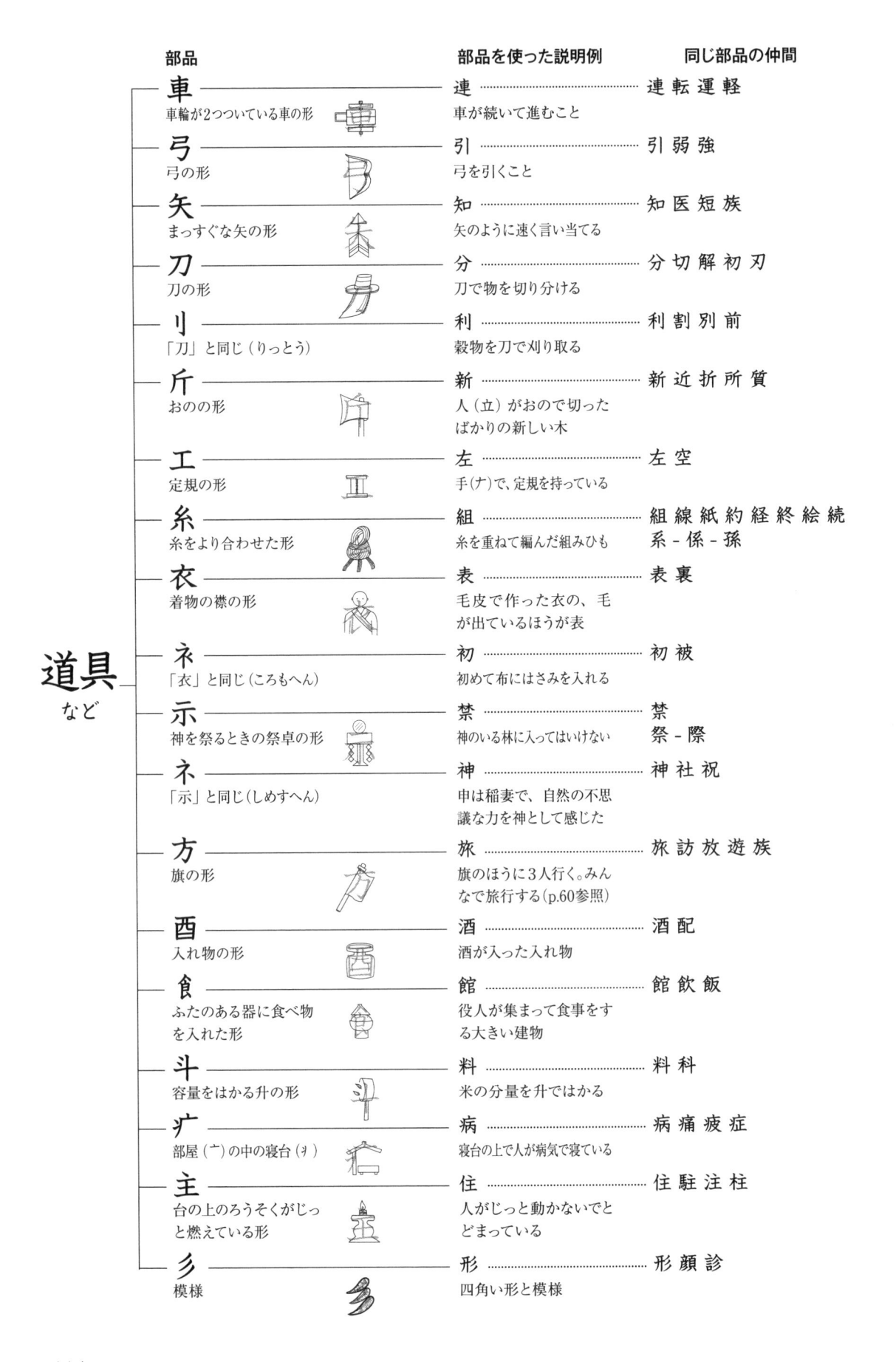

部品	部品を使った説明例	同じ部品の仲間
車 — 車輪が2つついている車の形	連 — 車が続いて進むこと	連 転 運 軽
弓 — 弓の形	引 — 弓を引くこと	引 弱 強
矢 — まっすぐな矢の形	知 — 矢のように速く言い当てる	知 医 短 族
刀 — 刀の形	分 — 刀で物を切り分ける	分 切 解 初 刃
刂 — 「刀」と同じ（りっとう）	利 — 穀物を刀で刈り取る	利 割 別 前
斤 — おのの形	新 — 人（立）がおので切ったばかりの新しい木	新 近 折 所 質
工 — 定規の形	左 — 手（ナ）で、定規を持っている	左 空
糸 — 糸をより合わせた形	組 — 糸を重ねて編んだ組みひも	組 線 紙 約 経 終 絵 続 系－係－孫
衣 — 着物の襟の形	表 — 毛皮で作った衣の、毛が出ているほうが表	表 裏
衤 — 「衣」と同じ（ころもへん）	初 — 初めて布にはさみを入れる	初 被
示 — 神を祭るときの祭卓の形	禁 — 神のいる林に入ってはいけない	禁 祭－際
礻 — 「示」と同じ（しめすへん）	神 — 申は稲妻で、自然の不思議な力を神として感じた	神 社 祝
方 — 旗の形	旅 — 旗のほうに3人行く。みんなで旅行する（p.60参照）	旅 訪 放 遊 族
酉 — 入れ物の形	酒 — 酒が入った入れ物	酒 配
食 — ふたのある器に食べ物を入れた形	館 — 役人が集まって食事をする大きい建物	館 飲 飯
斗 — 容量をはかる升の形	料 — 米の分量を升ではかる	料 科
疒 — 部屋（宀）の中の寝台（爿）	病 — 寝台の上で人が病気で寝ている	病 痛 疲 症
主 — 台の上のろうそくがじっと燃えている形	住 — 人がじっと動かないでとどまっている	住 駐 注 柱
彡 — 模様	形 — 四角い形と模様	形 顔 診

道具 など

生き物 など

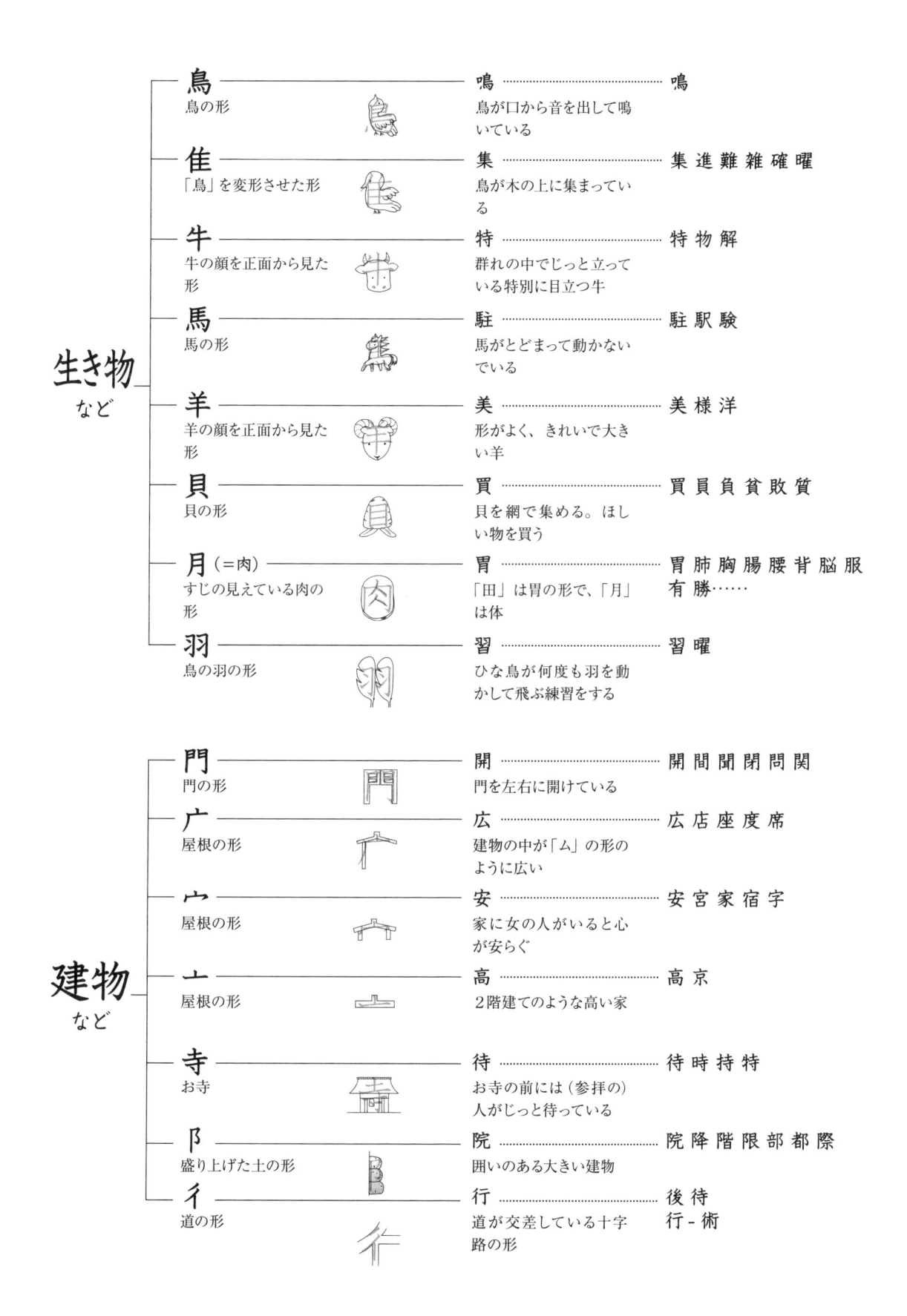

- **鳥** — 鳥の形 — **鳴** 鳥が口から音を出して鳴いている — 鳴
- **隹** — 「鳥」を変形させた形 — **集** 鳥が木の上に集まっている — 集 進 難 雑 確 曜
- **牛** — 牛の顔を正面から見た形 — **特** 群れの中でじっと立っている特別に目立つ牛 — 特 物 解
- **馬** — 馬の形 — **駐** 馬がとどまって動かないでいる — 駐 駅 験
- **羊** — 羊の顔を正面から見た形 — **美** 形がよく、きれいで大きい羊 — 美 様 洋
- **貝** — 貝の形 — **買** 貝を網で集める。ほしい物を買う — 買 員 負 貧 敗 質
- **月**（＝肉） — すじの見えている肉の形 — **胃** 「田」は胃の形で、「月」は体 — 胃 肺 胸 腸 腰 背 脳 服 有 勝……
- **羽** — 鳥の羽の形 — **習** ひな鳥が何度も羽を動かして飛ぶ練習をする — 習 曜

建物 など

- **門** — 門の形 — **開** 門を左右に開けている — 開 間 聞 閉 問 関
- **广** — 屋根の形 — **広** 建物の中が「ム」の形のように広い — 広 店 座 度 席
- **宀** — 屋根の形 — **安** 家に女の人がいると心が安らぐ — 安 宮 家 宿 字
- **亠** — 屋根の形 — **高** 2階建てのような高い家 — 高 京
- **寺** — お寺 — **待** お寺の前には（参拝の）人がじっと待っている — 待 時 持 特
- **阝** — 盛り上げた土の形 — **院** 囲いのある大きい建物 — 院 降 階 限 部 都 際
- **彳** — 道の形 — **行** 道が交差している十字路の形 — 後 待 行－術

115

部品の絵カード

クラスの規模に合わせて拡大コピーし、切り取って使えます。Ⅴ章「部品でつなげて教える」(p.62)を参考にしながら、学習者のニーズに合った使い方を考えてください。

使い方のヒント

- 同じ大きさのカードにする（A4版4枚切り程度）
  →教師が管理しやすく、学習者も見やすい
    部品の形だけでなく、意味や種類にも注目させることができる
    復習用のフラッシュカードとして使いやすい

- 部品の形に合わせて、切り取る大きさや形を変える
  →部品の形を印象づけるのに有効
    合体して見せやすい

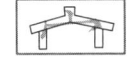

- イラスト部分だけ写してクラスに持っていき、その上から教師が漢字を書いて成り立ちを示す
  →学習者に推測させながら教えることができる

- よく使われる部品に色をつける。混乱を防ぐため、配色はなるべく変えないこと　水色　緑

- カードの裏に通し番号を書いて整理しておくと、必要なカードを取り出しやすい

※すぐに説明するのではなく、まずは学習者自身に考えさせましょう
※110～115ページを参考に、教師自身のことばで説明できる準備をしておきましょう
※1度にたくさん見せると学習者の負担になるので、気をつけましょう

117

118

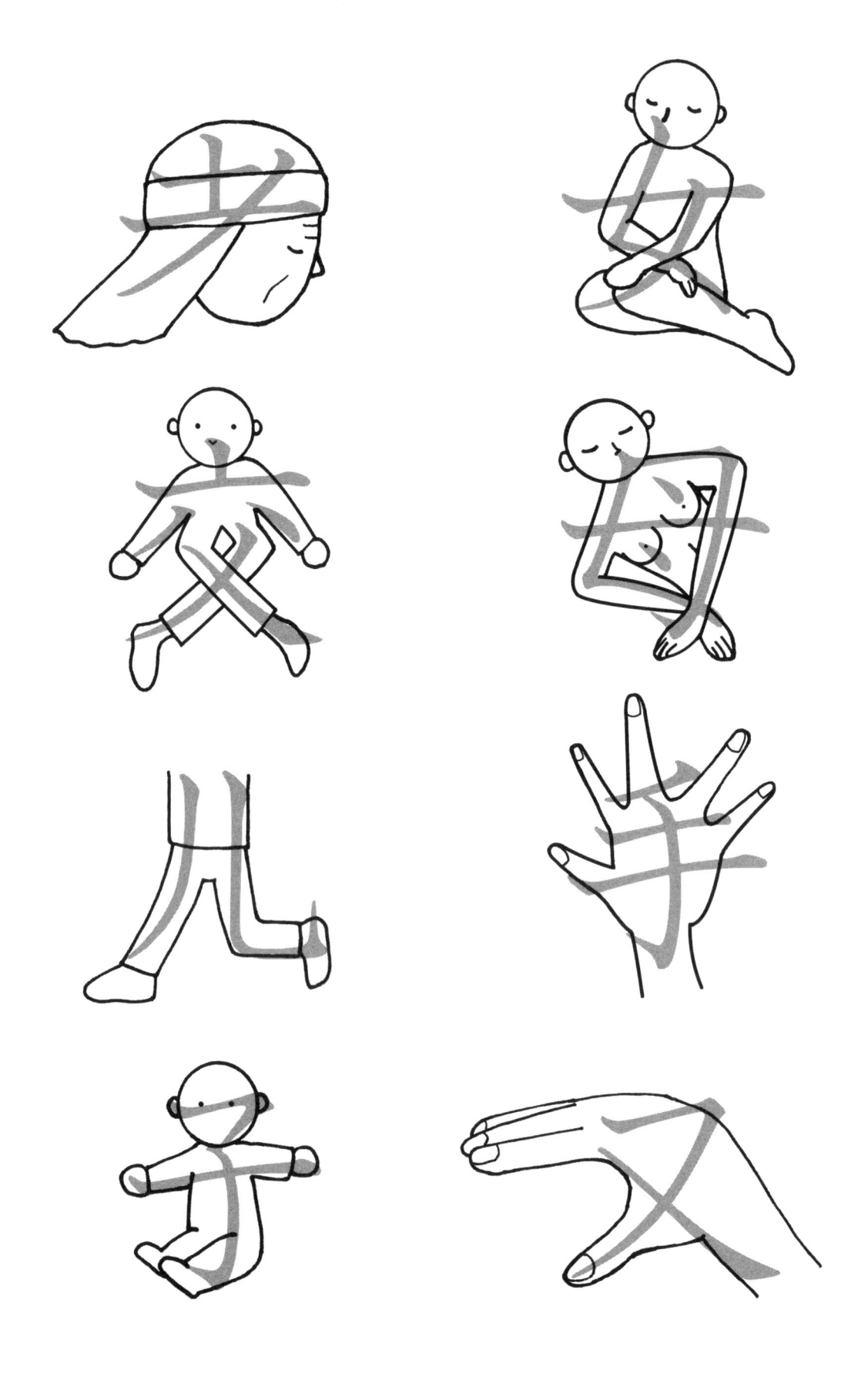

119

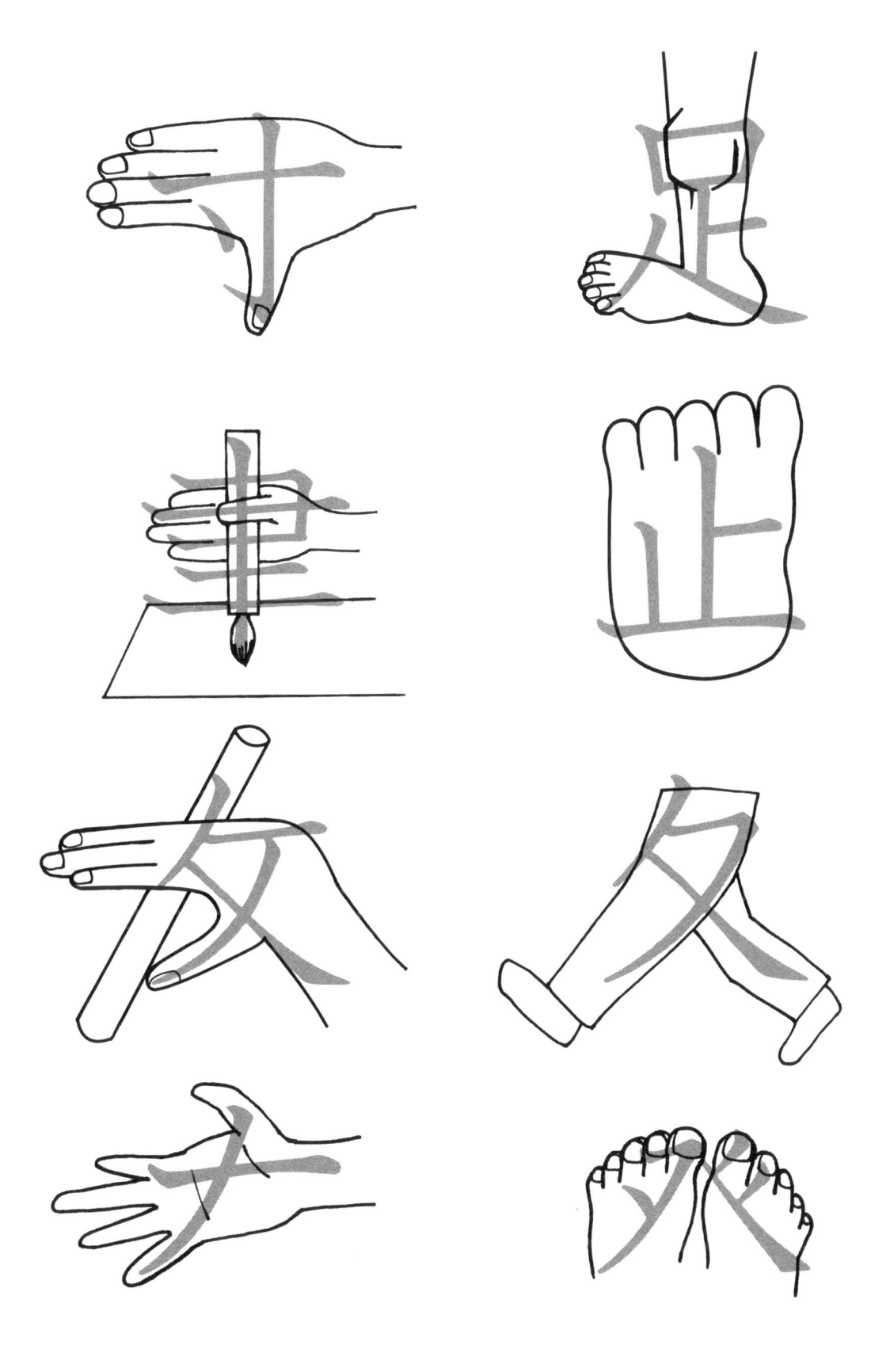

120

121

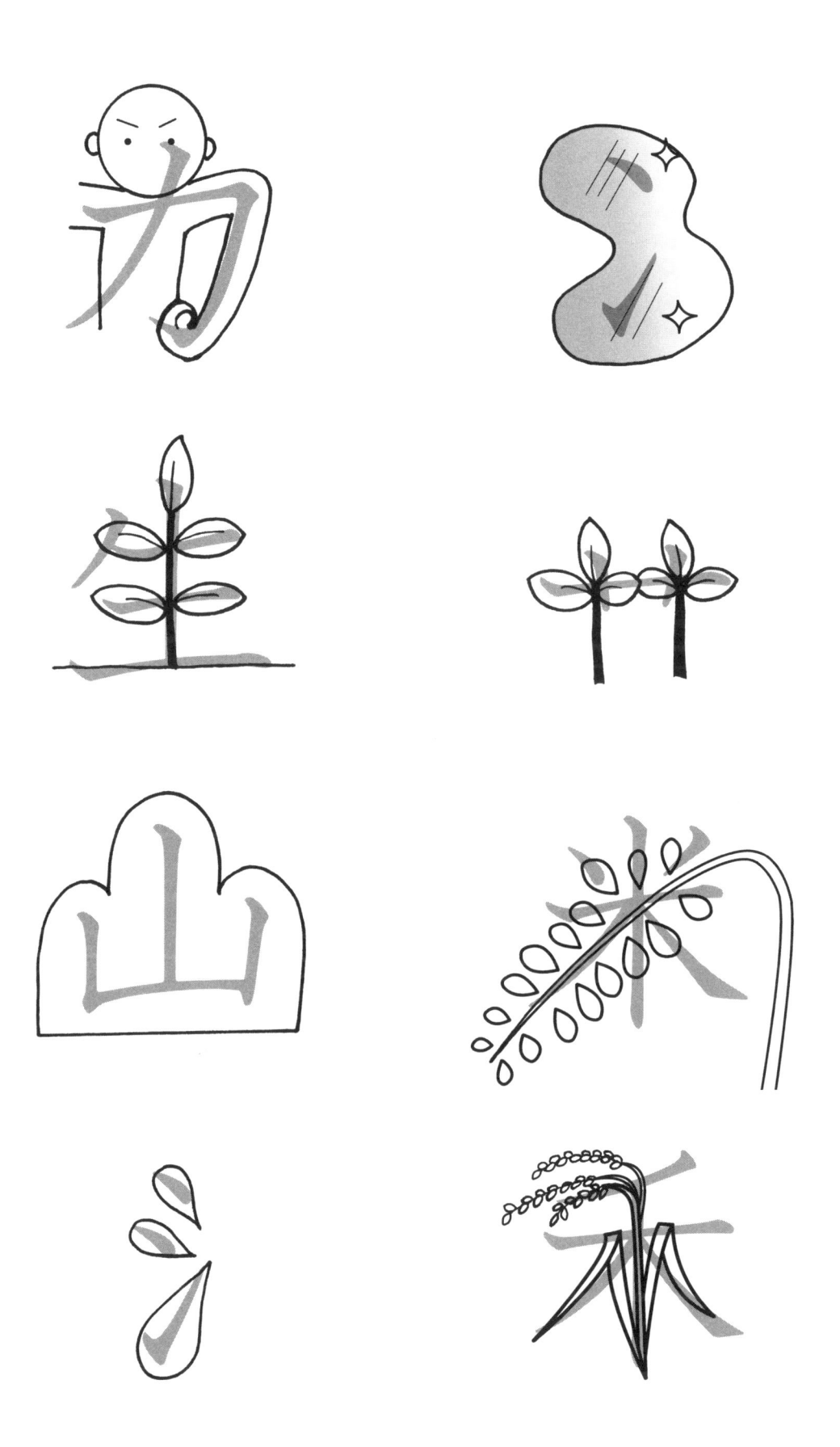

竹　土

木　石

田　日

金　月

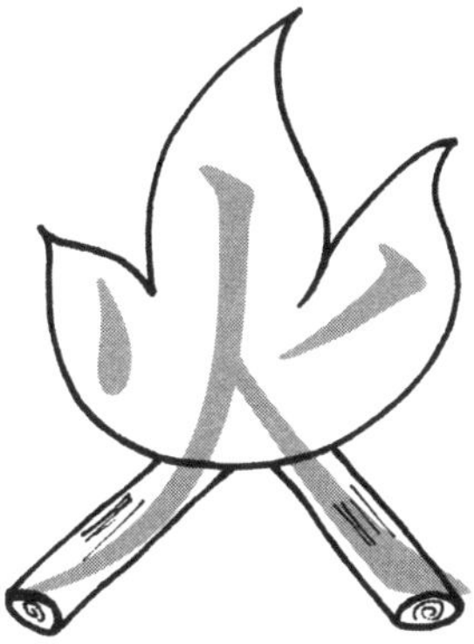
火

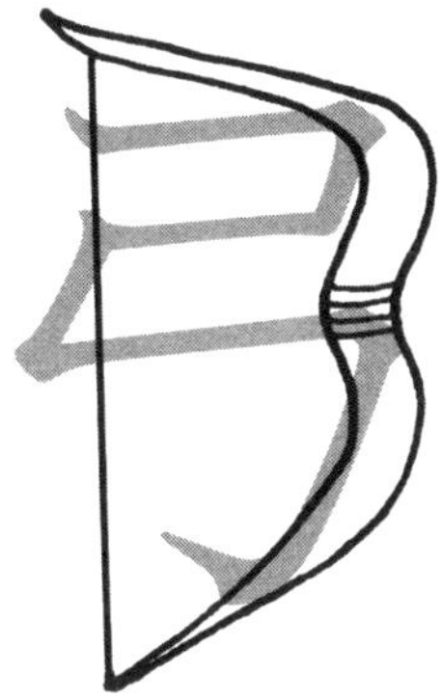
弓

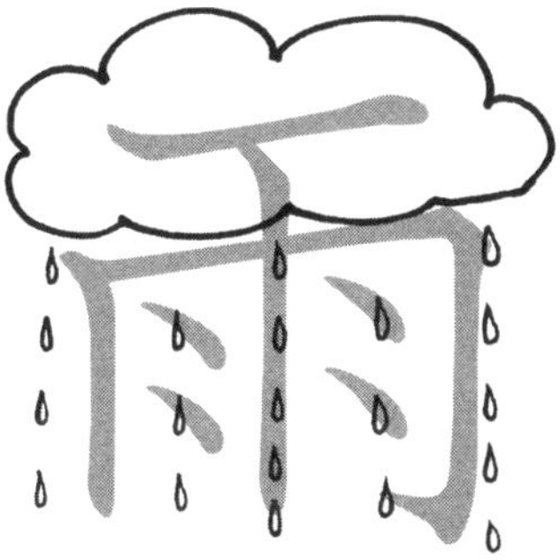
雨

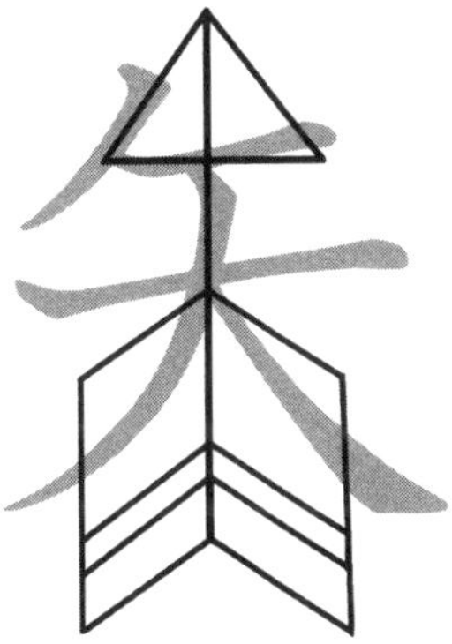
矢

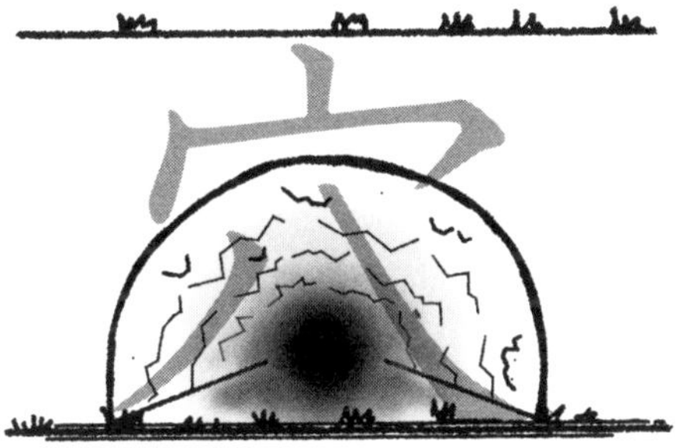
穴

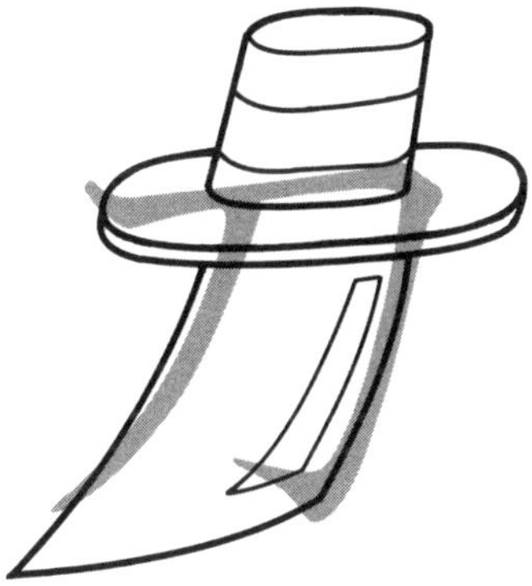
刀

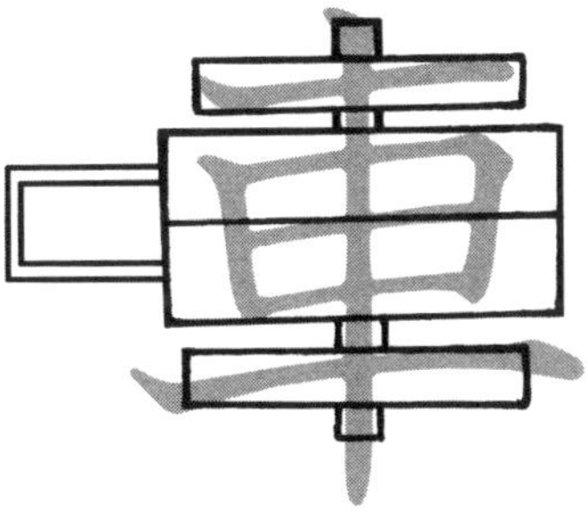
車

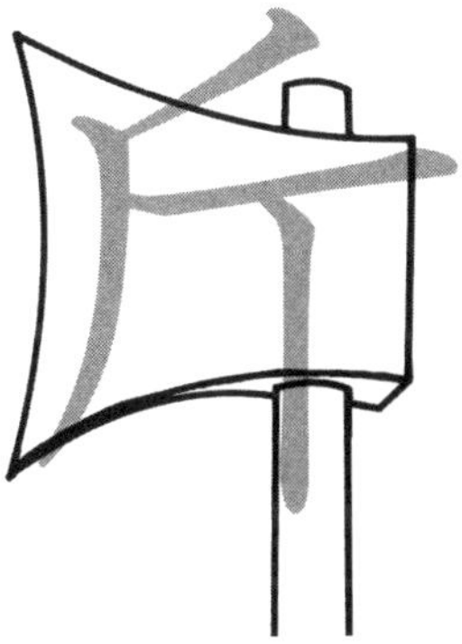
斤

124

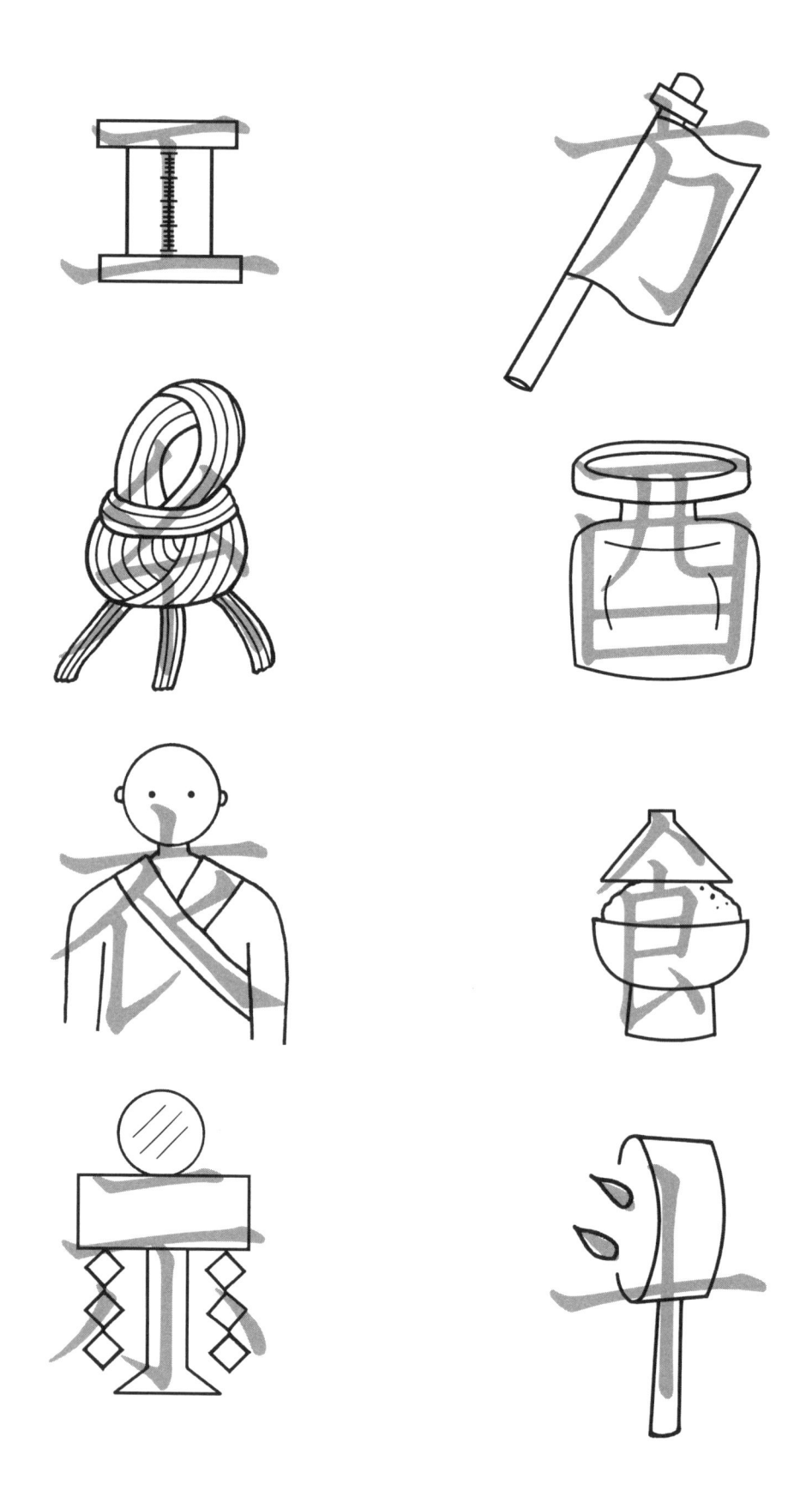

125

貝	广
肉	宀
羽	亠
門	寺

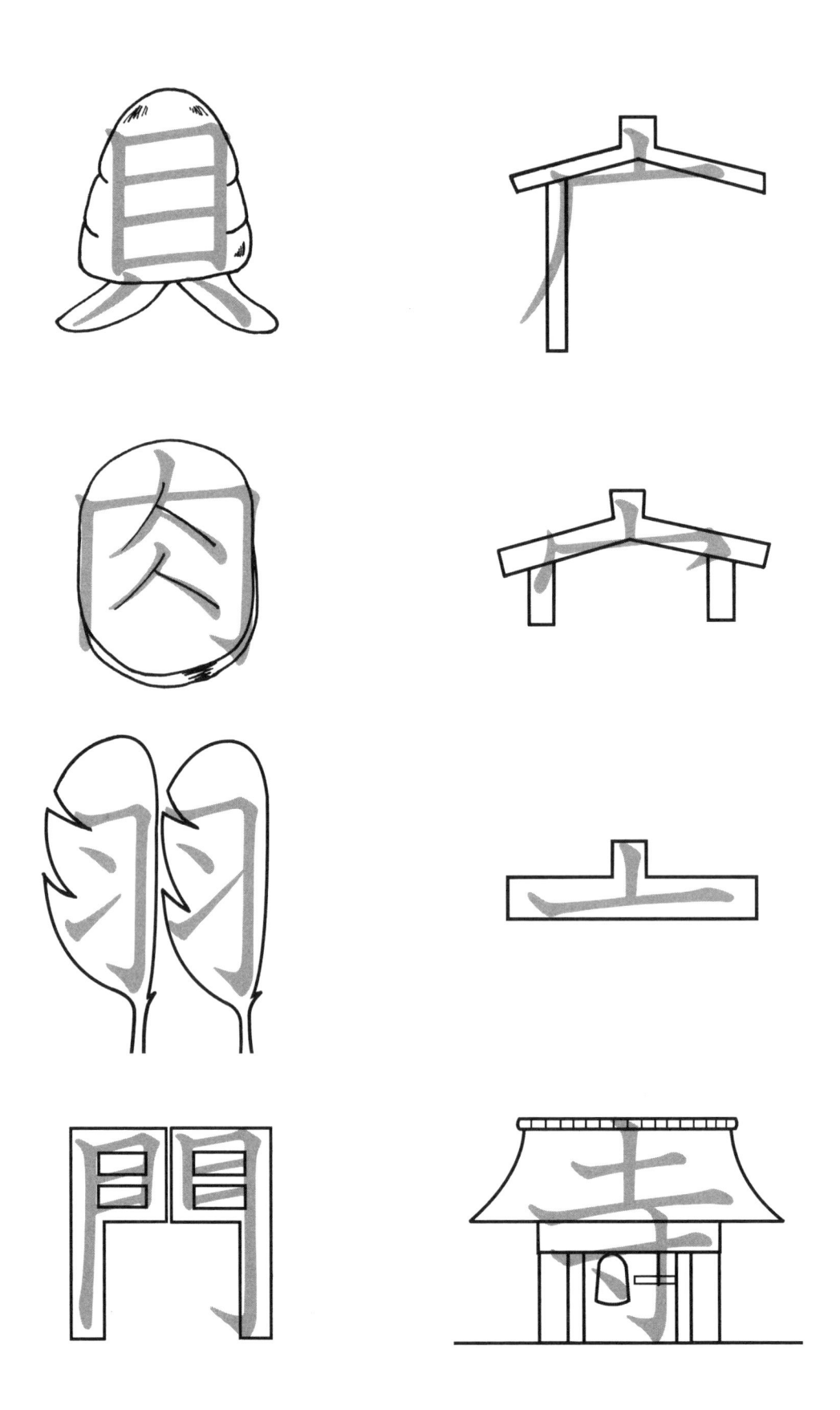

【参考文献】
『漢字道楽』講談社
『漢字と日本人』文春新書
『漢字なりたち辞典 藤堂方式 小学生版』教育社
『漢字はみんな、カルタで学べる』太郎次郎社
『漢字はむずかしくない』アルク
『知っているようで知らない漢字』講談社
『小学生の漢字字典』青葉出版
『常用字解 第二版』平凡社
『白川静さんに学ぶ漢字は楽しい』共同通信社
『図説 世界の文字とことば』河出書房新社
『成り立ちで知る漢字のおもしろ世界 人(ひと)編』スリーエーネットワーク
『何でもわかる漢字の知識百科』三省堂
『日本語教師のための漢字指導アイデアブック』創拓社
『Business Kanji: Over 1,700 Essential Business Terms in Japanese』Tuttle Pub
「特集 漢字を教える」『月刊日本語』1992年8月号 アルク

日本語教師の7つ道具シリーズ 2
漢字授業の作り方編

発 行 日	●	2013年6月17日（初版）
		2019年5月10日（第3刷）
著　　者	●	大森雅美、鈴木英子

編　　集	●	株式会社アルク出版編集部
編集協力	●	堀田 弓、田中晴美
デザイン・DTP	●	株式会社ポイントライン
カバーイラスト	●	松本孝志
本文イラスト	●	中島もえ

印刷・製本	●	萩原印刷株式会社
発 行 者	●	田中伸明
発 行 所	●	株式会社アルク
		〒102-0073
		東京都千代田区九段北4-2-6 市ヶ谷ビル
		TEL：03-3556-5501　FAX：03-3556-1370
		Email：csss@alc.co.jp
		Website：https://www.alc.co.jp/

落丁本、乱丁本は弊社にてお取り替えいたしております。アルクお客様センター（電話：03-3556-5501　受付時間：平日9時〜17時）までご相談ください。本書の全部または一部の無断転載を禁じます。著作権法上で認められた場合を除いて、本書からのコピーを禁じます。定価はカバーに表示してあります。

ご購入いただいた書籍の最新サポート情報は、以下の「製品サポート」ページでご提供いたします。

製品サポート：https://www.alc.co.jp/usersupport/

©2013 Oomori Masami / Suzuki Eiko / ALC PRESS INC.
Matsumoto Takashi / Nakashima Moe
Printed in Japan.
PC：7013042
ISBN：978-4-7574-2285-8

地球人ネットワークを創る

アルクのシンボル
「地球人マーク」です。